LA PREPA: DOM[...] LA PRUEBA TAKS DE LECTURA DE 3er GRADO

JAMES KILLORAN

STUART ZIMMER

MARK JARRETT

Adaptación de texto por:

ANA POMAR
Bilingual Specialist,
Region XIII

NORMA GUERRERO
Texas Association of
Bilingual Educators
Teacher of the Year, 2001–2002

NADIA SYNATSCHK
Teacher, Bastrop ISD

LA COMPAÑIA EDITORIAL JARRETT

OFICINA DE LA COSTA DEL ESTE
P.O. Box 1460
19 Cross Street
Ronkonkoma, NY 11779
631-981-4248

OFICINA DE LA COSTA DEL OESTE
10 Folin Lane
Lafayette, CA 94549
925-906-9742

1-800-859-7679   Fax: 631-588-4722
www.jarrettpub.com

Agradecidamente, hacemos un reconocimiento por permitirnos reimprimir los siguientes materiales con derechos de autor:

"El anciano José y el carpintero" extractado de *Treinta y tres cuentos multi-culturales para contar*,© 1993 por Pleasant L. DeSpain, usado con permiso de la Casa Editorial Agosto. La Compañía Editorial Cobblestone por el artículo en la *Revista, Appleseed,* "Pasa el pan por favor" por Cyndy Hall de la publicación de febrero, 1999. *La Revista La Vida de un Muchacho,* por "Un tipo malo": por Samantha Bonar, de la publicación de octubre, 2000. *Highlights for Children,* por "Palillos chinos" por Samantha Bonar de la publicación de septiembre, 1995; "Tiene buena mano" por Diana Jenkins, de la publicación de mayo 2002; "Datos frios sobre el helado" por Kristin Martelle, de la publicación de agosto de 1995; "Los ancianos retorcidos" por Terry Reid octubre de 2002; "Bigotes trabajando" por Donna P. Dowdy de la publicación de abril, 1995; "Ruedas en su cabeza: la historia de la primera rueda Ferris" por Diana ZuHone Shore, de la publicación de junio, 2002; "Aunque llueve o brille el sol" por Geary Smith de la publicación de marzo, 1995; "Muchos chivitos viven aquí por Jody Wolfman, de la publicación de septiembre, 2002; "Carrie Rose odiaba el rojo" por Susan Uhlig, de la publicación de abril, 2002. Vidas Públicas: "La hija orgullosa del conserje llega a una cima académica" por Jacques Steinberg, de la sección de Vidas Públicas de la revista *The New York Times,* de la publicación del 11 de noviembre 2000. *La Araña: La Revista para Niños* por: "Una vecina pocas veces vista" por Donna Bergman, de la publicación de octubre, 1997; "Lo que hacen las rocas por tí" por Tracy J. Cade, de la publicación de junio 2002; "El regalo especial de Rosalinda" por Carla Mishek, de la publicación de septiembre, 2002; "Nuestros ayudantes robots" por Barbara Saffer, de la publicación de julio, 2001; "Miedoso: por Myra Sanderman, de la publicación de octubre, 1997. Scholastic Inc. por el artículo del *Scholastic Update,* "Las célebres ranas deformes" por Susan Hayes, de la publicación del 13 de abril, 1998. Simon y Schuster por la historia, "El turno de Tashira" del *Libro infantil de heroes* redactado por William J. Bennet, © 1997. Nota: En algunos caso, algún material publicado previamente se had redactado para mantener un nivel de lectura de tercer grado.

Todos los derechos fueron reservados en el año 2007 por La Compañia Editorial Jarrett

Jarrett Publishing Company
Post Office Box 1460
Ronkonkoma, New York 11779

ISBN 978-1-882422-82-1
Impreso en los Estados Unidos de América
Primera Edición

10 9 8 7 6 5 4   10 09

RECONOCIMIENTOS

Los autores desean agradecer a los siguientes educadores tejanos quienes ayudaron a revisar el manuscrito. Fueron notables, sus comentarios, sugerencias y recomendaciones colectivas para la preparación de este libro.

Catherine C. Davis Ph.D
Coordinadora de E.L.A
Round Rock ISD
Round Rock, Texas

Terry A. Green, Ph.D
Previa Coordinadora de E.L.A.
Richardson ISD
Consultora Principal de la Iniciativa
de Lectura Inc.

Ana Pomar
Especialista de Lectura
Región XIII, Centro de Servicios Docentes
Austin, Texas

Adaptación de texto por:

Ana Pomar
Bilingual Specialist,
Region XIII

Norma Guerrero
Bilingual Specialist,
Norman Elementary, Austin ISD

Nadia Synatschk
Teacher, Bastrop ISD
Bastrop TX

Diseño de la cubierta, gráficas y tipo ajuste:
La Corporación Técnica Burmar, Albertson, N.Y.

Este Libro está dedicado…

a mi esposa Donna, mis hijos Christian, Carrie y Jesse, y a
mi nieto, Aiden

— *James Killoran*

a mi esposa Joan, mis hijos Todd y Ronald, y a
mis nietos Jared y Katie

— *Stuart Zimmer*

a mi esposa Gośka, y mis hijos Alexander y Julia

— *Mark Jarrett*

Otros libros por Killoran, Zimmer, y Jarrett

Mastering the Grade 7 Writing TEKS
Mastering the Grade 3 MCAS Reading Test
Mastering the Grade 4 MCAS Tests in English Language Arts
Mastering New York's Grade 4 English Language Arts Test
Mastering New York s Grade 8 English Language Arts Test
Mastering the Grade 3 ISAT Reading and Writing Test
Mastering the Grade 5 ISAT Reading and Writing Test
Mastering Ohio's Fourth Grade Proficiency Tests in Reading and Writing
Mastering the Grade 4 FCAT Reading and Writing Test
Mastering the Elementary English Language Arts
Introducing the Elementary English Language Arts

CONTENIDO

UNIT 1: INTRODUCCIÓN

La **Prueba TAKS de Lectura de 3er Grado** evaluará tu habilidad de leer y contestar preguntas sobre cuentos y selecciones informativas. Este libro te ayudará a prepararte para la prueba y a mejorar tus habilidades de lectura. Esta primera unidad te presenta ciertas destrezas que te ayudarán a ser un mejor lector.

★ En el primer capítulo aprenderás algunos pasos que toman los buenos lectores para entender lo que han leído.

★ Hay varios tipos de selecciones que necesitas poder leer en tercer grado. El capítulo 2 te enseña de los cuentos, incluyendo el escenario (lugar y epoca), los personajes y el argumento.

★ El tercer capítulo se enfoca en los textos informativos, tales como un artículo de periódico. Estos proveen información sobre un tema.

CAPÍTULO 1

CÓMO SER
UN BUEN LECTOR

¿Eres un buen lector? Reconocer las palabras es solamente una parte de ser un buen lector. La parte más importante de la lectura es la **comprensión** de las ideas del escritor y ver cómo éstas coinciden con tus propias ideas.

Un buen lector es un lector **activo.** Cuando lees hazte preguntas. Piensa cómo las ideas del autor concuerdan con tus propias ideas. Pensando en lo que has leído te ayudará entender mejor la lectura. En este capítulo, aprenderás pasos importantes acerca de cómo pensar en lo que has leído. Estos incluyen cómo pensar *antes, durante* y *después* de leer cualquier selección.

ANTES DE LEER

Cuando vas a leer algo, siempre debes preguntarte:

¿Por qué estoy leyendo esta selección?

¿Qué es lo que ya sé de este tema?

Piensa *por qué* estás leyendo la selección. Por ejemplo, ¿es para encontrar información o para disfrutar de un bonito cuento?

Después, fíjate en el título y el resto de la selección para sacar una idea general de lo que se trata la lectura. Fíjate si hay ilustraciones, subtítulos u otras pistas acerca del tema de la lectura. Después piensa en lo que ya sabes sobre este tipo de lectura y sobre el tema.

Finalmente, piensa en cualquier pregunta que se te ocurra sobre la lectura. ¿Qué te gustaría saber sobre el tema?

DURANTE LA LECTURA

Los buenos lectores piensan activamente mientras leen. Tu también puedes hacer esto usando los siguientes métodos:

Haz conexiones. Conecta la lectura con lo que ya sabes. Mientras lees, pregúntate si cada cosa nueva que lees te recuerda de algo que ya sabes o conoces. Esto puede ser algo que te haya pasado, que hayas leído o que hayas escuchado. Compara la lectura con lo que ya sabes.

Haz preguntas. Mientras lees, hazte preguntas. Por ejemplo pregúntate, *¿dónde* y *cuándo* ocurren los eventos? Los buenos lectores se preguntan, *¿qué* está pasando en la lectura? También se preguntan *¿por qué* ocurren los eventos de tal manera? Las preguntas te ayudan a enfocarte en lo que estás leyendo.

 **Piensa en lo que es importante.** Mientras lees, busca las *ideas principales* o los *eventos clave* en el cuento. Pregúntate cuales detalles son importantes para entender lo que dice el autor. El título es importante porque te dice de qué se trata la selección. Muchos párrafos tienen **oraciones del tema** que indican la idea principal del párrafo.

 **Visualiza.** Mucho de lo que conocemos de nuestro mundo lo aprendemos a través de nuestros cinco sentidos. Mientras lees, visualiza lo que estás leyendo. Imagínate que estás escuchando mientras cada personaje del cuento habla. Imagínate que estás oliendo, saboreando o tocando igual que el personaje del cuento.

 **Haz predicciones.** Mientras lees, piensa en lo que podría pasar en seguida. Por ejemplo, si el personaje del cuento tiene un problema, puedes pensar cómo se podría resolver el problema. Luego verifica si tu predicción fue correcta. ¿Usó el personaje tu solución?

 **Haz un resumen.** Mientras lees, debes pausar de vez en cuando para pensar en lo que acabas de leer. Silenciosamente, haz un resumen en tus propias palabras de lo que es más importante. Verifica los detalles de los cuales no estás seguro antes de seguir leyendo.

 **Resuelve problemas.** Si no entendiste algo, no sigas leyendo. Toma pasos para resolver tus dudas. Por ejemplo, puedes volver a leer un pasaje difícil más de una vez. Si no sabes el significado de una palabra, búscala en el diccionario. Si estás tomando una prueba, trata de entender el significado de una palabra difícil fijándote en las palabras y oraciones que están antes y después de esa palabra.

El siguiente mapa es un resumen de las estrategias que usa un buen lector. ¿Cuántas estrategias ustas tú mientras lees?

Haz Preguntas
Buenos lectores hacen preguntas sobre lo que están leyendo.

Haz Conexiones
Buenos lectores hacen conexiones con lo que ya saben.

Piensa en lo que es Importante
Buenos lectores deciden lo que es importante.

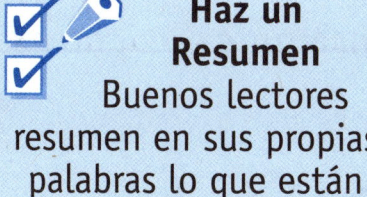

Haz un Resumen
Buenos lectores resumen en sus propias palabras lo que están leyendo.

ESTRATEGIAS QUE USAN LOS BUENOS LECTORES

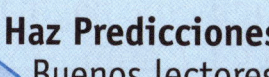

Haz Predicciones
Buenos lectores hacen predicciones y sacan conclusiones.

Visualiza
Buenos lectores se imaginan lo que está pasando en la lectura.

Resuelve Problemas
Cuando buenos lectores no entienden algo, tratan resolver lo que no comprenden.

DESPUÉS DE LEER

Después de leer una selección, piensa en lo que acabas de leer. Piensa otra vez en lo **más importante** de la lectura. **Haz un resumen** mental de lo que se trató. Piensa en lo que aprendiste de la lectura y cómo relacionas esto con lo que ya sabes. Pregúntate lo siguiente:

★ ¿Cuál fue el mensaje o la idea principal de la lectura?

★ ¿Aprendí algo nuevo?

★ ¿Cuáles palabras o frases fueron "memorables"?

MODELO DE PRÁCTICA

Vamos a ver cómo un buen lector usa realmente estas estrategias. En la siguiente página hay una selección sobre la historia del helado. Este modelo demuestra lo que un buen lector piensa *antes, mientras* y *después* de leer.

ANTES DE LEER

Antes de leer, un buen lector se pregunta:

★ *¿Por qué estoy leyendo esto?* Estoy leyendo esto para averiguar cómo la gente empezó a hacer helado.

★ *¿Qué es lo que ya sé sobre este tema?* Hoy en día, hacemos helado en el congelador. No sé cómo hacían helado antes.

DURANTE LA LECTURA

Aquí están unas estrategias que un buen lector usaría mientras lee esta selección:

El Diario

DATOS FRIOS SOBRE EL HELADO
por Kristin Martelle

El helado más antigüo fue disfrutado por Alejandro Magno hace casi 2,000 años. Según la leyenda este poderoso líder disfrutaba de bebidas heladas. En una ocasión, ordenó que llenaran treinta pozos con nieve para refrescar las bebidas de las damas.

HAZ CONEXIONES	**HAZ PREDICCIONES**	**VISUALIZA**
Sé lo que es el helado. El título me dice que aprenderé datos nuevos sobre el helado.	Por el texto, sé que este es un artículo, no un cuento. Puedo predecir que me informará más sobre la historia del helado.	Me estoy imaginando las tropas de Alejandro llenando las zanjas con nieve para refrescar las bebidas.

¿Cuáles otras conexiones puedes hacer por el título?	¿Cuáles otras predicciones puedes hacer?	¿Cuáles otras visualizaciones te harás?
_____	_____	_____
_____	_____	_____
_____	_____	_____
_____	_____	_____

A los emperadores romanos les gustaban mucho los jugos endulzados con miel y enfriados con hielo y nieve. El emperador Nero exigía que le sirvieran estos "hielos" en sus **banquetes** reales. Pero conseguir nieve de las montañas lejanas era un reto. Se planeaba con meses de anticipación la manera de evitar que se derritiera el hielo. Los corredores viajaban cientos de millas para llevar su hielo a Roma. Según la leyenda, en una ocasión cuando la nieve se derritió antes de llegar a Roma, Nero mandó ejecutar al general encargado de la misión.

HAZ PREGUNTAS
Mientras leo, me hago las siguientes preguntas:
❏ ¿Qué sabor tenían estos postres antigüos?
❏ ¿Qué es un banquete?
❏ ¿Qué hacían los romanos para que no se derritiera la nieve?
❏ ¿Nero en verdad ejecutó al general?

¿Cuáles otras preguntas harías?

_____

_____

Para el año 1500, se le agregó crema a estos postres. A la nobleza italiana le encantaba este "hielo crema". Llevaron "hielo crema" a Francia en 1533 con la ayuda de Catarina de Medici de Italia. Cuando ella se casó con el rey Enrique de Francia, llevó a sus propios cocineros y reposteros al palacio. Por más de cien años, la receta del "hielo crema" era un secreto bien guardado.

PIENSA EN LO QUE ES IMPORTANTE
Este párrafo parece importante. En él se describe cómo convirtieron las bebidas de hielo y los postres fríos en helado. Mientras leo, me pregunto por qué mantuvieron en secreto la receta del helado.

¿Cuál otra información de este artículo crees que es importante?

_____

_____

MÁS ALLÁ DE LA LECTURA

Después de leer una selección, un buen lector piensa en lo que ha aprendido. Aquí, el lector aprendió cómo se hacía el helado en el pasado. Después de leer este artículo, el lector puede:

★ agregar algunas palabras nuevas — como *banquete* — a una lista de vocabulario;

★ buscar otras recetas interesantes en libros de recetas;

★ visitar la biblioteca pública y sacar un libro sobre helado; o

★ visitar una heladería local y probar algunos sabores nuevos.

CAPÍTULO 2

LEYENDO CUENTOS

Habrán tres principales tipos de selecciones en la **Prueba TAKS de Lectura de 3er Grado.** Estos son cuentos, lecturas informativas y selecciones que tienen ambas características. En este capítulo estudiaremos los cuentos.

Leemos cuentos por diversión. Un buen cuento nos puede ayudar a imaginar cómo sería vivir en lugares lejanos o cómo tener aventuras emocionantes. Nos enseñan acerca de las vidas y experiencias de otras personas. Los cuentos despiertan todo tipo de sentimientos y emociones. Nos pueden hacer reír o llorar, o pueden hacer latir nuestros corazones con emoción.

LAS PARTES DE UN CUENTO

Cada cuento tiene tres partes:

ESCENARIO   **PERSONAJES**   **ARGUMENTO**

¿Sabes lo que significa cada una de estas partes? Veamos una conocida historia de la antigua Grecia para ver cómo se unen.

EL REY MIDAS

1   Hace miles de años, existía un reino con mucho terreno fértil y bosques frondosos. Estos terrenos los gobernaba un rey llamado Midas. Midas pasaba una gran parte del día comiendo y escuchando música. Un día, su jardinero trajo a un anciano que quería verlo.

2   Midas reconoció al anciano como un amigo del dios de la felicidad.

3   Midas agasajó a su invitado durante diez días y noches. Luego Midas llevó al anciano con el dios de la felicidad. El dios estaba muy contento de ver a su viejo amigo.

4   Como recompensa por el buen trato, el dios prometió concederle un deseo. Después de pensarlo, Midas pidió: "¿Por favor, me das el poder de convertir todo lo que toque en oro?"

CONTINÚA →

5   El dios le concedió a Midas su deseo. Al poco tiempo, Midas se regocijó cuando una ramita que tocó inmediatamente se convirtió en oro. Luego, levantó una piedra y ésta también se convirtió en oro. Cuando Midas llegó al palacio tocó la puerta de entrada. Ésta también se convirtió en oro puro. El rey Midas estaba muy feliz con su nuevo poder.

6   Al final del día, Midas tenía mucha hambre y sed. Ordenó a sus sirvientes que le trajeran comida y bebida. Agarró un pedazo de pan para satisfacer su hambre. Pero cuando se llevó el pan a la boca, probó metal frío. Midas levantó su taza para beber, pero su bebida se convirtió en oro líquido al momento en que tocó sus labios.

7   Después de poco tiempo Midas casi se moría de hambre y sed. Ahora se sentía enfermo simplemente de ver el oro.

8   Visitó al dios de la felicidad para suplicarle que le quitara la maldición del toque de oro. El dios se compadeció de Midas. Permitió que Midas se lavara las manos en un río mágico para quitarse el toque de oro.

Ahora veamos cada una de las partes del cuento — *escenario, personajes,* y *argumento.*

EL ESCENARIO DEL CUENTO

El escenario del cuento es el *tiempo* y el *lugar* donde se lleva a cabo. Un cuento puede tener más de un escenario si los eventos ocurren en diferentes tiempos y lugares. El escenario del cuento puede llevarse a cabo en el pasado, el presente, o el futuro, o hasta en un mundo imaginario donde el tiempo parece no existir.

VERIFICANDO TU ENTENDIMIENTO

Describe brevemente el escenario del cuento, *El Rey Midas*

EL ESCENARIO

TIEMPO

_____

_____

_____

_____

_____

LUGAR

_____

_____

_____

_____

_____

LOS PERSONAJES DEL CUENTO

Los personajes del cuento son de **quién** se trata el cuento. Los personajes pueden ser inventados o gente real en un escenario inventado. Es más, los personajes pueden ser animales.

La mayoría de los cuentos tienen solo uno o dos personajes **principales.** Un cuento puede tener otros personajes. Estos otros personajes generalmente son menos importantes.

Cada cuento se trata más de lo que le pasa a los personajes principales. Los lectores generalmente se identifican más con estos personajes. Frecuentemente se imaginan qué se sentiría ser ese personaje.

Cuando lees un cuento, hazte las siguientes preguntas acerca de los personajes:

★ ¿Cuáles son sus características principales?

★ ¿Cómo piensan, se sienten y actúan?

★ ¿Cómo cambian mientras se desarrolla el cuento?

VERIFICANDO TU ENTENDIMIENTO

Completa el siguiente diagrama describiendo al personaje principal del cuento. Anota el número del párrafo de donde sacaste la información.

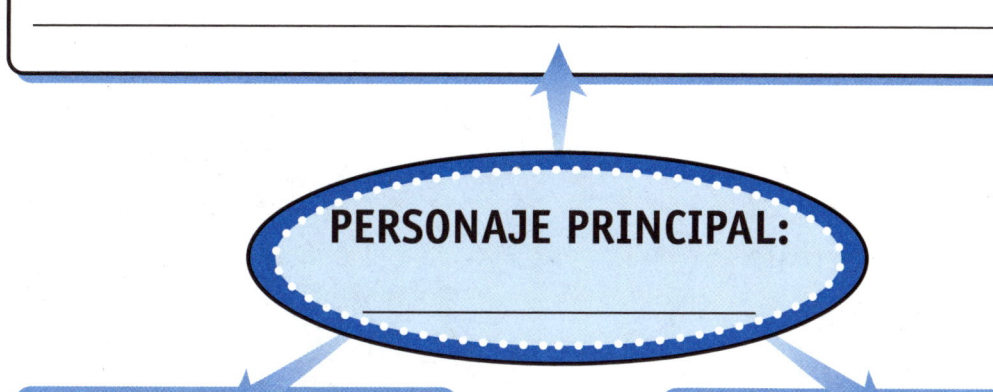

EL ARGUMENTO DEL CUENTO

En casi todos los cuentos, los personajes principales tienen uno o más **problemas** o conflictos. Por ejemplo, el personaje quizá quiere hacer algo difícil. O el personaje principal quizás tenga un desacuerdo con otro personaje en el cuento.

El **argumento** es lo que pasa en el cuento. Es la serie de eventos que ocurren en una historia. Mientras se llevan a cabo estos eventos, los personajes intentan resolver el problema principal en el cuento. Cuando leas, intenta pensar en los eventos *más importantes* en el argumento.

Es posible que el argumento se desarrolle de una manera inesperada, haciendo el problema más difícil de resolver. Al final del cuento, los personajes principales resuelven sus problemas.

Cuando leas, hazte las siguientes preguntas sobre el argumento:

★ ¿Cuáles problemas tienen los personajes?

★ ¿Cuáles eventos en el cuento afectan estos problemas?

★ ¿Cuáles medidas toman los personajes para resolver estos problemas?

★ ¿Finalmente, cómo se resuelven estos problemas?

VERIFICANDO TU ENTENDIMIENTO

Muchas veces ayuda hacer un diagrama para seguir el argumento del cuento. Completa el siguiente diagrama sobre el cuento del *Rey Midas*. En cada cuadro, anota un evento importante del cuento. Anota estos eventos en el orden en el cual ocurrieron. Los primeros dos eventos ya están anotados:

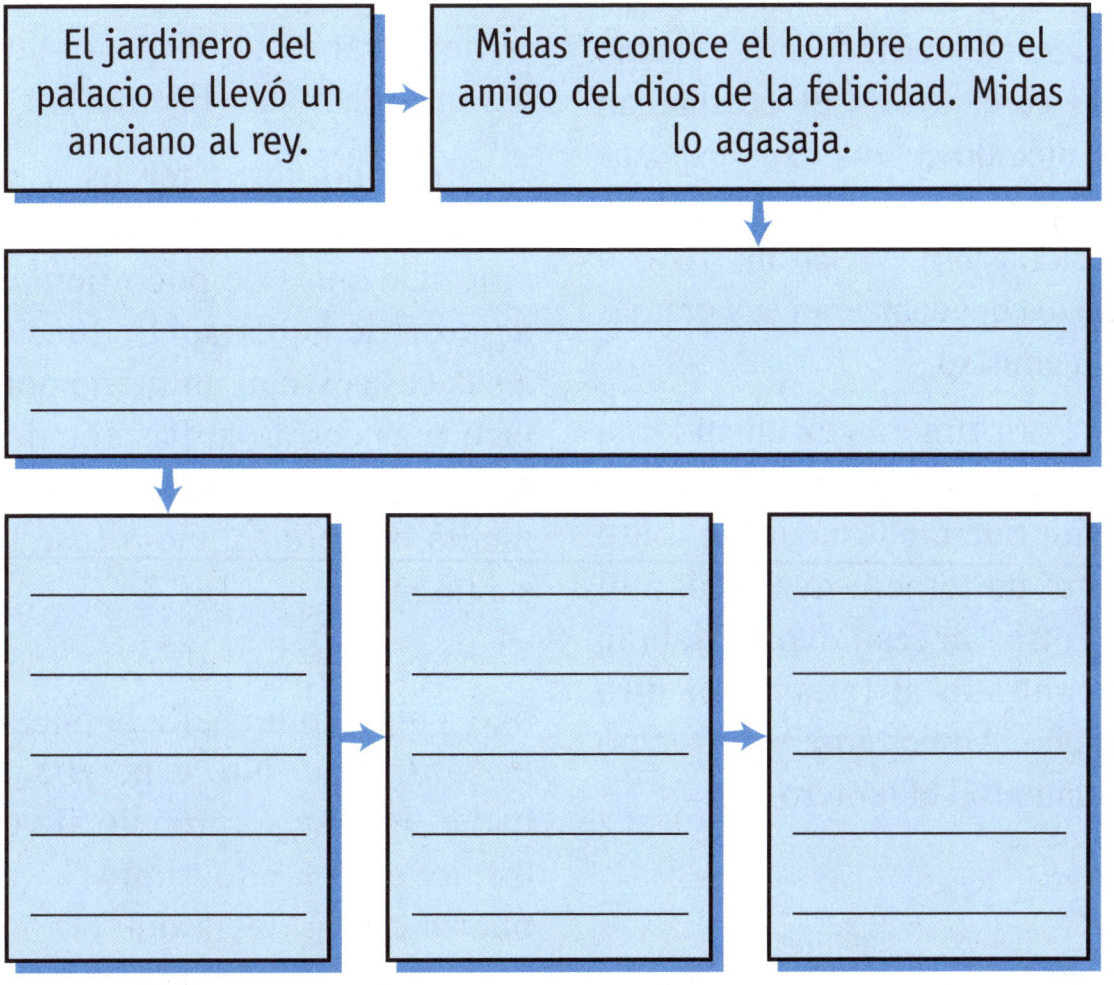

Otra cosa que te puede ayudar a recordar el cuento, *El Rey Midas* es hacer dibujos para ilustrarlo. Recuerda, lo importante no son los dibujos, sino la forma en que resumes el cuento.

INTÉNTALO

Instrucciones: Ahora inténtalo tú. Lee la siguiente historia escrita por Pleasant DeSpain. Luego contesta las preguntas.

EL VIEJO JOSÉ Y EL CARPINTERO

El viejo José vivía en el campo. Su mejor amigo era su vecino más cercano. En efecto habían envejecido juntos. Sus esposas habían muerto y sus hijos habían crecido y ya no vivían allí. Todo lo que les quedaba eran sus granjas y su amistad.

Por primera vez en su larga amistad tuvieron un desacuerdo serio. Fue un desacuerdo tonto sobre un ternero que ni uno ni el otro necesitaban. Habían encontrado al ternero en otro rancho. Ambos José y su vecino reclamaron el ternero.

El viejo José dijo, "No, ese ternero tiene las mismas marcas que los míos. ¡Es mío!"

Eran hombres tercos y ni uno ni el otro se daba por vencido. Después de poco tiempo dejaron de hablarse. Se fueron a sus casas y con un fuerte portazo se encerraron. Pasaron dos semanas sin que se dijeran ni media palabra. El viejo José se sentía mal.

Una mañana, el viejo José oyó a alguien llamar a la puerta de enfrente. No esperaba a nadie. José se sorprendió al ver un joven parado junto a su puerta quien decía que era un carpintero. Tenía una caja de herramientas a sus pies, y una mirada amable en sus ojos. "Busco trabajo," explicó. "Si usted tiene un trabajito o dos me gustaría ayudarle."

CONTINÚA →

El viejo José contestó, "Casualmente sí te tengo un trabajito. ¿Ves esa casa a lo lejos? Es la casa de mi vecino. ¿Ves ese arroyito? El arroyo no estaba allí la semana pasada. ¡Lo cavó para molestarme! Conectó un arado a su tractor y cavó la zanja desde la laguna que está junto a nuestros terrenos. Luego lo desbordó. Ahora ese arroyo nos separa. ¡Estoy enfurecido! Tengo mucha madera en mi establo. Tengo todo lo que necesites para construir una cerca alta a lo largo del arroyo. Así ya no tendré que ver su granja. ¡Le daré una lección!"

El carpintero sonrió y dijo, "Haré un buen trabajo, José."

El viejo tenía que ir al pueblo por provisiones. Se subió en su carretón y se ausentó durante todo el día. El joven carpintero llevó la madera del establo al arroyo y empezó su labor. Midió, serruchó y clavó las tablas en su lugar.

Trabajó todo el día sin parar ni siquiera para comer. Al final del día, guardó sus herramientas. Ya había terminado su trabajo.

José llegó con su carretón lleno de provisiones. Cuando vió lo que el carpintero había hecho, se quedó sin palabras. No era una cerca sino un bello puente que cruzaba de un lado del arroyo al otro.

Justo en ese momento, el vecino del viejo José cruzó el puente, con su mano extendida y dijo, "Perdóname por nuestro desacuerdo, José. El ternero es tuyo. Lo único que me interesa es que sigamos siendo buenos amigos."

"Te puedes quedar con el ternero," contestó el viejo José. "Yo también quiero que sigamos siendo buenos amigos. El puente fue idea del joven. Y me alegro de que lo haya construído."

Completa el mapa del cuento basado en la selección, "El Viejo José y el Carpintero."

¿CUÁL ES EL ESCENARIO DEL CUENTO? _____

_____

¿QUIÉNES SON LOS PERSONAJES PRINCIPALES?

★ **Quién:** _____

★ **Quién:** _____

★ **Quién:** _____

¿CUÁL ES EL ARGUMENTO?

❶ _____

_____

❷ _____

_____

❸ _____

_____

❹ _____

_____

❺ _____

_____

❻ _____

CAPÍTULO 3

LEYENDO TEXTOS INFORMATIVOS

Un segundo tipo de lectura que debes poder entender es una lectura informativa . Este tipo de texto se considera *no ficción*.

TIPOS DE TEXTOS INFORMATIVOS

Los **textos informativos** son acerca de gente, lugares, eventos, y cosas reales. La gente las lee para aprender acerca de cosas. Hay varios tipos de textos informativos:

★ **Artículos.** Los artículos son lo suficientemente cortos como para leerlos de una sola vez. Puedes encontrar artículos en periódicos, revistas, y enciclopedias. Te dicen los hechos básicos acerca de algo.

𝕸𝖆𝖕𝖑𝖊𝖙𝖔𝖜𝖓 𝕹𝖊𝖜𝖘

RAYO CAE SOBRE CASA EN LA CALLE TAYLOR

por James King

Anoche a las 11:30 p.m., cayó un rayo sobre una casa en la Calle Taylor durante una violenta tormenta. Nadie resultó herido.

El Sr. Jones, dueño de la casa número 42 de la Calle Taylor, dijo, "Todos estábamos dormidos cuando de pronto nos despertó un ruido muy fuerte. El rayo hizo un agujero en nuestro techo".

Nombre del Periódico

Título del Artículo: (Encabezado)

Autor del Artículo

El propósito de un artículo generalmente es decirle al lector *quién, qué, cuándo, dónde, por qué,* y *cómo* de algo. ¿Este artículo le dice al lector algo acerca de cada una de estas preguntas?

★ **Boletines.** Un boletín es similar a un periódico porque provee noticias e información. Generalmente se manda un boletín a un grupo de personas que comparten un interés común. Tiene artículos acerca de temas relacionados con sus intereses comúnes.

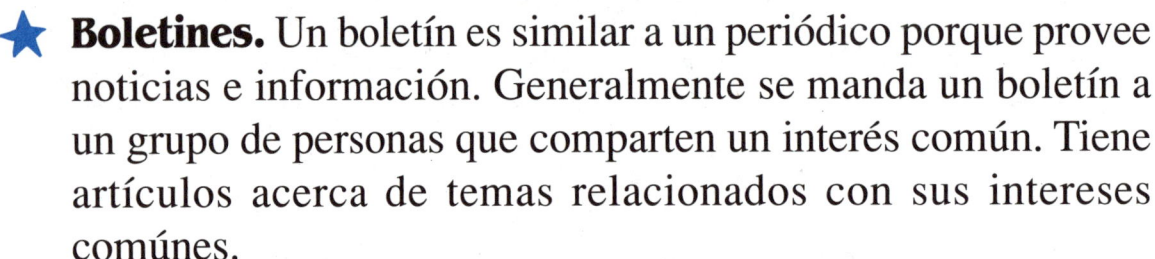

EL BOLETÍN MUÑECA BARBIE---NÚMERO 34

◆ ◆ ◆ ◆ ◆ ◆ ◆ ◆ ◆ ◆

Esta semana la Corporación Mattel acaba de lanzar una nueva muñeca Barbie en las jugueterías de toda la nación—Barbie en la playa. Esta muñeca Barbie también tiene una variedad de ropita para combinar. Lo que destaca a esta Barbie nueva es que tiene un vestuario completo para la playa--trajes de baño, bikinis y anteojos de sol.

Muy similares a los *textos informativos* existen selecciones cortas que proveen información de uso especial para el lector:

★ **Listas.** Una **lista** es una serie de nombres u otros datos ordenados uno tras otro. Por ejemplo, una lista puede tener los nombres de tus invitados a una fiesta, los nombres de tus compañeros de clase o de los abarrotes que necesita tu familia. El propósito de una lista es ayudarte a recordar varias cosas.

Lista de abarrotes
❑ leche
❑ pan
❑ huevos
❑ plátanos
❑ cereal
❑ galletas

★ **Anuncios.** Un **anuncio** provee información sobre un producto o un servicio. El propósito de un anuncio es convencer al lector de que compre lo que se anuncia. Frecuentemente, los anuncios incluyen una foto del producto y relatan sus detalles más importantes.

BEBE LECHE

◆ ◆ ◆ ◆ ◆ ◆ ◆ ◆

La bebida que verdaderamente refresca

★ **Señales.** Una **señal** tiene un mensaje breve para que lo vea la gente que pasa. Generalmente el propósito de la señal es decirle a la gente que haga algo. Por ejemplo, una señal de "alto" les dice a los conductores que paren sus carros.

LAS PARTES DE UNA LECTURA INFORMATIVA

Así como los cuentos tienen diferentes partes, las lecturas informativas también. Una lectura informativa tiene dos partes principales:

¿Sabes cómo funciona cada parte? Veamos un breve texto informativo.

BIGOTES TRABAJANDO
por Donna P. Dowdy

Cuando tu gato se pasa corriendo por un agujero más angosto que su cuerpo entero, sus bigotes trabajan. Cuando tu gato se mueve en un cuarto oscuro, sus bigotes trabajan. Y cuando salta sobre un arbusto o le brinca encima a un ratón, sus bigotes trabajan otra vez.

Los bigotes de un gato son órganos sensores muy importantes. Son pelos gruesos inmóviles que le crecen en el labio superior, en ambos cachetes, encima de los ojos, debajo de la barba, y en las patas traseras. Cada bigote está ligado a un montón de nervios que están debajo de la piel del gato. Cuando le tocan un bigote, los nervios se lo comunican al cerebro.

Cada grupo de bigotes en el cuerpo de tu gato le ayuda en maneras muy especiales.

Los bigotes en sus labios y en sus cachetes le salen por ambos lados y por enfrente. Tu gato usa estos bigotes para calcular el tamaño de una abertura. Si la abertura es lo suficientemente ancha para los bigotes, el gato también cabe—excepto cuando el gato es muy gordo y su cuerpo es más ancho que sus bigotes.

Los bigotes de tu gato también lo orientan en la oscuridad. Aunque un gato puede ver seis veces mejor que tú en la oscuridad, no puede ver en la oscuridad total. Sin embargo, los bigotes del gato sienten el más mínimo movimiento en el aire. Esto significa que los bigotes no necesitan tocar un objeto para que el gato sepa que allí está. Un gato puede sentir una pared, un sofá o una cama.

CONTINÚA

Quizá la comida de tu gato venga del supermercado, pero un gato nace con la habilidad de cazar su propia comida. Tu gato tiene bigotes en su barba para sentir la comida que quizá no vea.

Además, sus bigotes en los codos delanteros le ayudan a encontrar un ratón o cualquier otro animal pequeño para atacarlo rápidamente. Estos bigotes también le avisan si el ratón está a punto de escapar.

Los bigotes de arriba de los ojos hacen que tu gato parpadee. Si una ramita le toca estos bigotes, tu gato parpadea. Eso les protege los ojos. Puedes comprobar esto si tocas suavemente estos bigotes con la punta de tu dedo.

Los bigotes de tu gato siempre trabajan. Sintiendo, guiando y protegiendo, los bigotes ayudan a tu mascota a ser feliz durante el día y la noche.

LA IDEA PRINCIPAL DE UNA LECTURA

El **tema** de un texto informativo es de lo que se trata. En este ejemplo de gatos, el tema de la lectura son los bigotes. El punto general que presenta un autor es el tema de la lectura conocido como la **idea principal.**

IDEA PRINCIPAL

Los bigotes de un gato son importantes órganos sensores. Estos pelos gruesos e inmóviles le ayudan al gato a guiarse y protegerse en muchas de sus actividades diarias.

ENCONTRANDO LA IDEA PRINCIPAL

Cuando lees para buscar información, usa dos pasos para encontrar la idea principal.

> ## PASO 1:
> ## Identifica el tema de la lectura.

Primero, determina el tema general de la lectura. ¿De qué se trata? ¿Se trata de una persona, lugar, evento o cosa? Piensa en el tema como si fuera una sombrilla. Debe ser lo suficientemente grande para cubrir todo lo que se discute en la lectura. En esta selección de gatos, todo lo importante se refiere a los bigotes del gato.

> ## PASO 2:
> ## Fíjate en lo que el autor dice acerca del tema en general.

Cuando hayas identificado el tema, enfócate en lo que el autor tiene que decir acerca del tema. Busca el mensaje general del tema.

Este mensaje es la **idea principal** del autor. Otros detalles en la lectura deben explicar o apoyar la idea principal. En esta lectura, la idea principal es que los bigotes del gato son importantes órganos sensores. Estos órganos sensores ayudan a guiar al gato en muchas de sus actividades diarias.

LOS DETALLES DE APOYO

Para ayudar al lector a entender la idea principal, el autor proporciona ejemplos, detalles e ilustraciones. Estos se conocen como **detalles de apoyo** y ayudan a *apoyar* la idea principal del autor. A través del uso de estos detalles, el autor explica, ilustra o comprueba la idea principal de la lectura.

VERIFICANDO TU ENTENDIMIENTO

¿Cuáles detalles usó el autor para apoyar la idea de que los gatos usan sus bigotes para guiarse en sus actividades diarias? La primera idea de apoyo ya está escrita enseguida.

★ <u>Los bigotes de un gato le indican si puede caber en un</u>

<u>agujero. Si los bigotes caben, el agujero es lo suficientemente</u>

<u>ancho para el cuerpo del gato.</u>

★ _____

_____

★ _____

_____

★ _____

_____

Usa la siguiente información para verificar tus respuestas de la página anterior.

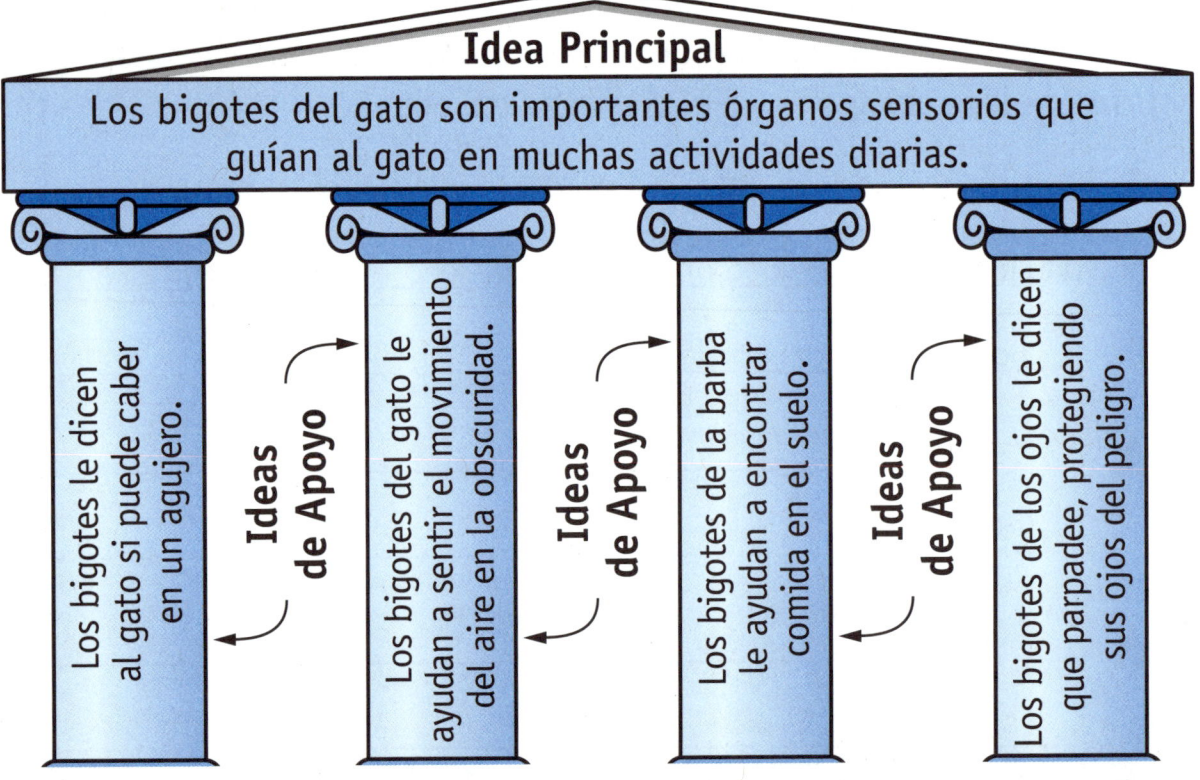

Idea Principal

Los bigotes del gato son importantes órganos sensorios que guían al gato en muchas actividades diarias.

Los bigotes le dicen al gato si puede caber en un agujero.

Ideas de Apoyo

Los bigotes del gato le ayudan a sentir el movimiento del aire en la obscuridad.

Ideas de Apoyo

Los bigotes de la barba le ayudan a encontrar comida en el suelo.

Ideas de Apoyo

Los bigotes de los ojos le dicen que parpadee, protegiendo sus ojos del peligro.

RESUMEN

En los capítulos 2 y 3, aprendiste acerca de dos diferentes tipos de lecturas.

EN UNA HISTORIA

En una historia, puedes encontrar un escenario, personajes y un argumento.

EN UN TEXTO INFORMATIVO

En un texto informativo puedes encontrar un tema, una idea principal del tema y detalles de apoyo. Los detalles de apoyo pueden incluir descripciones, datos y ejemplos.

INTÉNTALO

Instrucciones: Lee el siguiente párrafo. Luego identifica el tema, la idea principal y los detalles de apoyo.

Los animales tienen maneras especiales de protegerse de sus enemigos. Muchos animales usan su color para mantenerse a salvo. Nadie tiene que enseñarles. Es una de sus protecciones naturales. El gorrión pardo parece parte del nido en que se sienta. El pelaje invernal de algunas liebres es del color de la nieve. El pez manchado se parece a las piedritas de la corriente montañosa donde nada.

VERIFICANDO TU ENTENDIMIENTO

1. ¿Cuál es el *tema* de este párrafo? _____

2. ¿Cuál es la *idea principal* de este párrafo? _____

_____

3. Anota *tres* ideas de apoyo del párrafo:

★ _____

★ _____

★ _____

UNIDAD 2: PREPARÁNDOTE PARA LA PRUEBA TAKS DE LECTURA

Esta primavera tomarás la **Prueba TAKS de Lectura de 3er Grado.** En esta unidad, aprenderás los diferentes tipos de preguntas que estarán en la prueba y cómo contestarlas.

El primer capítulo en esta unidad es una prueba de práctica. Esta prueba de práctica te enseñará los diferentes tipos de lectura y las preguntas que se encuentran en la **Prueba TAKS de Lectura de 3er Grado.** Fíjate también en los cuadros azules con la palabra "objetivo" y un número para cada pregunta. Este número se refiere al tipo de habilidad que pide la pregunta. Esto permite a tu maestro(a) saber cuál habilidad necesitan desarrollar más tus compañeros y tú.

En los últimos capítulos de esta unidad repasaremos cada tipo de pregunta, como *preguntas del significado de palabras*, de lo que "más se trata" el párrafo o una selección, o *preguntas de resumen*. Aprenderás cómo tratar con cada tipo de pregunta y obtendrás bastante práctica. Al final de este libro, tomarás otra prueba de práctica. Esta prueba final te demostrará cuánto has mejorado.

CAPÍTULO 4

UNA PRUEBA PRÁCTICA PRELIMINAR

Esta prueba tiene dos selecciones de lectura. Cada selección contiene 12 preguntas de opción múltiple. Escoge la mejor respuesta para cada pregunta. La **Prueba TAKS de Lectura de 3er Grado** tendrá más de dos pasajes.

Highlights
para Niños
UNA REVISTA PARA NIÑOS

junio 2003   Vol. 9 número 6

MUCHOS CHIVITOS VIVEN AQUÍ
por Jody Wolfman

1   Cuando Jimmy Search dice que vive con muchos chivitos, se refiere a los cabritos, que su familia está criando en su rancho en New Jersey. Le dicen "chivitos" cariñosamente a los cabritos pequeños.

2   La granja de la familia de Jimmy empezó solamente con unos chivitos de mascota. Vendieron las crías a otras personas. Luego ordeñaron a las hembras, o "cabras" como les dicen, y vendieron su leche también.

3   "Mi papá creció en un rancho. Él convenció a mi mamá de que se encargaran de un rancho," comenta Jimmy. "Me alegro de

CONTINÚA ➡

que la convenció. Con las cabras y chivitos en nuestro rancho, ya tenemos casi cien chivos, incluyendo dos cabríos (machos adultos)".

4   La familia Search cría chivos en su rancho. Los chivos son grandes pero mansos. Como la familia Search cría los chivos por la leche solamente, se quedan con las hembras y venden a los machos.

5   Una cabra está encinta durante cinco meses antes de parir. Cuando es hora de que nazca el chivito, la cabra se aparta para estar sola. Los miembros de la familia de Jimmy están al tanto de la cabra, por si hay algún <u>contratiempo</u>. "Tratamos de que no nos vea la cabra," dice Jimmy. "Si la cabra nos ve, se tarda en parir. De manera que solamente nos asomamos de vez en cuando hasta que nace el chivito".

6   Generalmente el chivito nace sin ayuda. Las patas delanteras salen primero. Después sale la cabeza y el resto del cuerpo. Desde que nace, los ojos del chivito están abiertos y sus orejitas están bien paraditas.

7   "Un chivito al nacer es muy bonito", dice Jimmy. "Nos gusta ver a la cabra lamer a su chivito hasta que queda limpio. A veces le ayudamos a secarlo con una toalla. Nos aseguramos de que la nariz y el hocico del chivito estén limpios para que pueda seguir respirando".

8   A un chivito se le ponen cuatro inyecciones inmediatamente después de nacer. "Dos de las inyecciones son vitaminas," comenta Jimmy. "Estas inyecciones ayudan al chivito a que esté sano. Luego el chivito empieza a alimentarse de la leche de su mamá."

CONTINÚA ➡

9   Como el negocio de la familia Search es vender leche de cabra, solamente permiten a los recién nacidos <u>amamantarse</u> de su mamá por dos o tres días. Luego les dan leche de una botella. La cabra sigue produciendo leche y se convierte en cabra lechera para el rancho. La leche de cabra es cremosa y blanca. "Es rica", afirma Jimmy.

10   Criar chivos es trabajo duro, pero a Jimmy le encanta. "Mis hermanos y yo jugamos y corremos carreras con los chivitos. Ellos son rápidos, pero yo soy más rápido."

11   "No hay como tener chivitos para jugar todos los días," dice. "¡Sé que parece raro decirlo, pero nunca me aburro ni me siento solo, porque tengo mis chivitos con quién jugar!"

1. ¿De qué se trata principalmente este artículo?
- **A** las diferencias entre un "chivito" y una "cabra"
- **B** cómo proteger mejor a los cabritos recién nacidos
- **C** la mejor manera de producir leche de cabra
- **D** las alegrías de vivir en un rancho de chivos   **Objetivo 1**

2. En el párrafo 9, la palabra <u>amamantarse</u> significa —
- **A** beber la leche de su mamá
- **B** ayudar a la gente que está enferma
- **C** sentirse mejor después de una enfermedad
- **D** beber algo lentamente para que dure más   **Objetivo 1**

3. Después de que el Sr. Search convenció a su esposa de que se encargaran de un rancho —
- **A** la familia empezó a criar chivos
- **B** se mudaron al rancho del abuelo de Jimmy
- **C** ella entró al colegio para aprender más acerca de ranchos
- **D** ellos empezaron a criar ganado   **Objetivo 1**

4. Lee los siguientes significados de la palabra <u>contratiempo</u>.

> **contratiempo** *m*
> **1.** obstáculo. **2.** accidente. **3.** contrariedad. **4.** problema inesperado.

¿Cuál significado describe mejor la manera en que se usó <u>contratiempo</u> en el párrafo 5?

- **A** Significado 1
- **B** Significado 2
- **C** Significado 3
- **D** Significado 4   **Objetivo 1**

5. Lee la primera oración del siguiente resumen.

> ### Resumen de "Muchos Chivitos Viven Aquí"
>
> La familia Search cría chivitos en su rancho de New Jersey. _____
>
> _____

¿Cuál de las siguientes oraciones completa mejor el resumen?

- **A** Venden a los cabritos y se quedan con las chivitas. Después las cabras tienen chivitos y producen leche. La familia Search vende la leche. A Jimmy le encanta jugar con los chivos.
- **B** El papá de Jimmy convenció a la mamá de Jimmy de que le ayudara a administrar un rancho. La familia Search tiene dos machos cabríos en su rancho.
- **C** Cuando la cabra esta por parir, la familia Search vigila atentamente. Cuando nace el chivito, la cabra lo lame hasta que queda limpio. Luego le ponen cuatro inyecciones.
- **D** Criar chivos es trabajo duro. A Jimmy le encanta jugar con los chivitos.   **Objetivo 1**

6. Cuando una cabra está a punto de parir, la familia Search procura que ella no los vea porque —

   A   se escapa

   B   se tarda en parir

   C   patea a los que la están viendo

   D   prefiere estar a solas con el macho cabrío   **Objetivo 1**

7. ¿Cuál es el título del artículo?

   A   *Highlights para Niños*

   B   Una Revista Para Niños

   C   Muchos Chivitos Viven Aquí

   D   Jody Wolfman   **Objetivo 3**

8. El autor muy probablemente escribió este artículo para —

   A   convencer a la gente de que tome leche de cabra

   B   explicar por qué un rancho de chivos vende a algunos de sus animales

   C   explicar lo difícil que es vivir en un rancho   **Objetivo 3**

   D   demostrar cómo es la vida en un rancho de chivos

9. Lee el siguiente diagrama. En él se muestra el orden de eventos que ocurren cuando una cabra tiene a su chivito en el rancho de la familia Search.

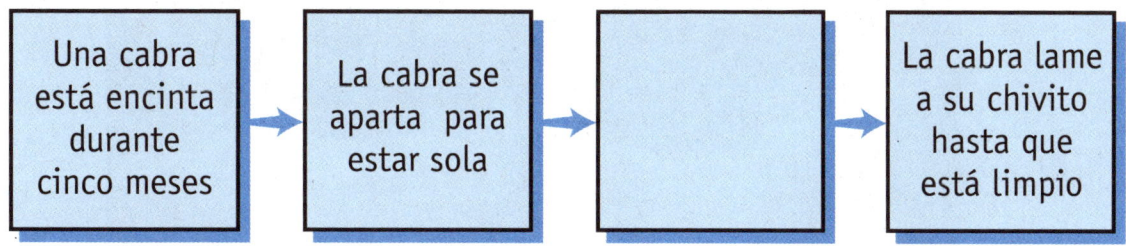

Una cabra está encinta durante cinco meses → La cabra se aparta para estar sola → [ ] → La cabra lame a su chivito hasta que está limpio

¿Cuál de estas oraciones pertenece en el cuadro vacío?

   A   El chivito nace sin ayuda.

   B   Al chivito recién nacido le ponen cuatro inyecciones.

   C   El chivito empieza a amamantarse de la leche de su mamá.

   D   Alimentan a los chivitos con una botella.   **Objetivo 3**

10. ¿Qué conclusión puedes hacer de este artículo?

   Ⓐ La vida en un rancho de chivos es dura, pero también puede ser muy divertida.

   Ⓑ El papá de Jimmy prefiere vender chivos que criarlos.

   Ⓒ La vida en un rancho de chivos es aburrida y solitaria.

   Ⓓ A Jimmy Search no le gusta ir a la escuela.   **Objetivo 4**

11. ¿Cuál es la idea más importante en este artículo?

   Ⓐ El papá de Jimmy Search se crió en un rancho.

   Ⓑ El rancho de la familia Search está cerca de New Jersey.

   Ⓒ Muchos chivos son grandes y mansos.

   Ⓓ A Jimmy Search le encanta criar chivos.   **Objetivo 4**

12. ¿Cuál oración del artículo demuestra MEJOR el amor de Jimmy por los animales?

   Ⓐ *"Tratamos de que la cabra no nos vea," dice Jimmy.*

   Ⓑ *"Nos gusta ver a la cabra lamer a su chivito hasta que queda limpio."*   **Objetivo 4**

   Ⓒ *"Dos de las inyecciones son vitaminas," dice Jimmy.*

   Ⓓ *"Yo sé que se oye raro ¡pero nunca me aburro, ni me siento solo cuando tengo a mis chivitos con quien jugar!"*

TIENE BUENA MANO
por Diana R. Jenkins

1   Todo lo que hice fue enseñarle a mi hermanita cómo plantar. Haz un agujero. Ponle una semilla. Cúbrelo con tierra. Riégalo. Espera. ¿Es posible que alguien no entienda algo tan sencillo? ¿No, verdad?

2   Laynie tenía su propia regadera de plantas para poder "ayudarme" en el jardín. Un día, después de que terminamos de regar, ella empezó a regar en otro lugar. Me acerqué y vi un montoncito de tierra junto a la cerca. "¿Plantaste algo ahí?" le pregunté.

3   "Si Brad", contestó. "Estoy cultivando un lápiz." Paró de regar. " Mi lápiz morado se hizo muy chiquito, de manera que lo planté, así como tú me enseñaste. ¿Cuánto tiempo tarda en crecer un lápiz?".

4   Debí haberle explicado en ese momento, pero no supe qué decirle. "Mm…nunca he plantado uno," le respondí.

5   Más tarde, se me ocurrió lo que me pareció una buena idea. Escarbé y saqué el lápiz de Laynie y "planté" un lápiz nuevo en su lugar. Al día siguiente, Laynie se emocionó cuando lo vió. "¡Mi lápiz creció!" gritó. Dibujó con él toda la tarde. Vaya, pensé. Pero a los pocos días, Laynie estaba regando el mismo sitio en el patio.

6   "¿Cuánto tiempo tardan en crecer los creyones? se rió entre <u>chillidos</u>. Se agachó y susurró, "Por favor apúrense a crecer".

CONTINÚA ➤

7   Dos días después, las puntas luminosas de unos creyones nuevos <u>brotaron</u> de la tierra, gracias a mí. Laynie dió gritos y saltos, "Parecen flores!" Los "cortó" y se metió corriendo a la casa.

8   En seguida Laynie <u>"creció"</u> una cuchara grande de una cucharita y un espejo de mano de un pedazo de papel aluminio. ¡Me quedé con la boca cerrada! Era divertido pensar lo que podría crecer de las "semillas" de Laynie. Y me gustaba verla tan emocionada. Un día la ví palmeando la tierra y supe que acababa de plantar algo. "¿Ahora qué ?" le pregunté.

9   "Es Molly, mi pez dorado. Saltó de su pecera otra vez," dijo Laynie. "Mi abuela dice que no la encontramos a tiempo". Entonces Laynie levantó su regadera de plantas y roció ese lugar. El corazón se me vino a la boca cuando me preguntó,  "¿Cuánto tiempo se tarda en crecer un pez dorado, Brad?"

10   No pude hablar. "¡A lo mejor no mucho tiempo!", dijo Laynie. Se arrodilló a susurrar, "¡Crece, Molly, crece!" antes de regresar a la casa dando saltos.

11   Me senté con la espalda contra la cerca y me pregunté, *¿Ahora qué? ¿Crees que puedes cosechar peces dorados?* Pensé por un buen rato. Solamente quedaba una cosa que hacer. Me levanté, saqué algunas cosas del cobertizo, y regresé a la casa. Cuando puse el lápiz pequeñito, los creyones gastados, la cucharita y el papel aluminio en la mesa, Laynie se veía confundida. "¿Es este mi lápiz?" preguntó.

CONTINÚA

12   Le dije que teníamos que hablar. Luego le expliqué como escarbé y repuse todo lo que ella había plantado. Le dije que en realidad no habían crecido. "¿Repusiste todo?" gritó. Con un empujón, tiró todo de la mesa. Y faltaba lo peor.

13   "Laynie," le dije suavemente, "Molly tampoco va a crecer." Se soltó llorando y se fue de prisa. Me sentí del tamaño de un gusano. Después la encontré sentada junto al lugar donde Molly estaba enterrada. Me senté a su lado y le dije, "Hice mal, perdóname. Lo único que crece son las semillas — no los lápices o papel aluminio o — cosas muertas, ¿Ok?"

14   "¿Solamente semillas?" preguntó. Me miró por un momento. Luego dijo, "Bueno, está bien."

15   Le hicimos un funeral a Molly. Luego plantamos semillas de flores de nomeolvides en la sepultura. Laynie las regó todos los días. A los poco días, vi a Laynie con su regadera. Le pregunté, """Laynie, ¿qué haces?"

16   "Estoy creciendo algo para tí," contestó.

17   "¿De semillas? *No, por favor,*" pensé.

18   "¡Naturalmente!" Me pasó en camino a la casa y anunció, "¡Estoy creciendo pelotas de baloncesto!"

19   Después de que se fue, escarbé el agujero, sin tener ni idea de lo que iba a encontrar. Las "semillas de baloncesto" eran pequeñas y olían a....¡naranjas! Cuando por fin paré de reír, las planté de nuevo. Luego me dirigí a la casa para explicarle a Laynie — una... vez... más.

1. Lee la primera oración del siguiente resumen.

> ## Resumen de "Tiene buena bano"
>
> Brad intenta enseñarle a su hermana Laynie cómo
>
> crecen las cosas. _____
>
> _____

¿Cuál de las siguientes oraciones completa mejor el resumen anterior?

Ⓐ Brad anima a Laynie a plantar objetos de la casa. Brad la engaña haciéndola pensar que pueden crecer.

Ⓑ Laynie planta objetos en el jardín. Brad la engaña haciendo parecer que las cosas sí pueden crecer. Después de que ella planta su pez dorado muerto, él le dice la verdad, pero ella sigue confundida.

Ⓒ Después de plantar objetos de la casa en el suelo, Laynie todavía está incierta de qué se trata la jardinería. Ella planta a su pez dorado muerto, pero no crece nada.

Ⓓ Su hermano le dice a Laynie que las cosas muertas no crecen. Parece que ella entiende esto hasta que intenta crecer una pelota de baloncesto.
    Objetivo 1

2. El párrafo 8 dice que Laynie "creció" una cuchara grande de una cucharita. ¿Qué quiere decir el autor con la palabra "creció"?

Ⓐ Laynie podía plantar objetos y hacerlos crecer.

Ⓑ Laynie creía que podía plantar objetos de la casa y hacerlos convertirse en cosas más grandes.

Ⓒ Laynie jugaba a las mentiritas fingiendo que las cosas que plantaba realmente crecían.

Ⓓ Laynie tenía una habilidad mágica que usaba para hacer objetos de la casa crecer en la tierra.
    Objetivo 1

3. Lee los siguientes significados de la palabra <u>chillidos</u>.

> **chillidos** *m.*
> **1.** gritos de dolor o miedo   **2.** chismes   **3.** sonidos agudos y fuertes de emoción o alegría.   **4.** expresiones de dolor o temor

¿Cuál de los siguientes significados de la palabra chillidos se usa en el párrafo 6?

(**A**) Significado 1   (**C**) Significado 3

(**B**) Significado 2   (**D**) Significado 4

4. En el párrafo 7, la palabra <u>brotaron</u> significa —

(**A**) crecieron   (**C**) se separaron

(**B**) se derritieron   (**D**) se cayeron   **Objetivo 1**

5. Mira el diagrama sobre Laynie.

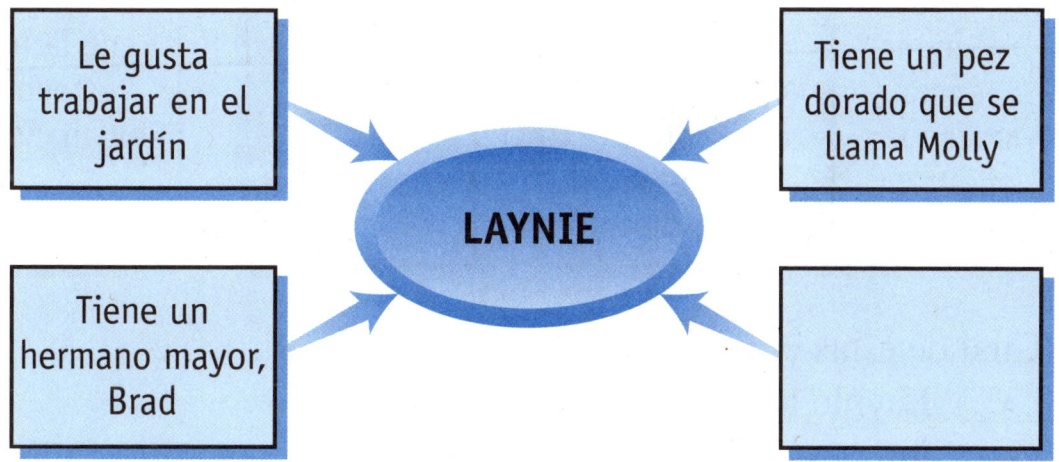

¿Cuál de estas oraciones pertenece en el cuadro vacío?

(**A**) Se rehusó a enterrar a su pez dorado

(**B**) Va a la escuela con su hermano

(**C**) Piensa que su hermano es un estúpido   **Objetivo 2**

(**D**) Está confundida acerca de lo que se puede plantar

6. Los párrafos 7 y 8 se tratan principalmente de que—

  (A) Laynie se divertía "creciendo" cosas.

  (B) Las cosas de la casa pueden crecer al plantarlas.

  (C) algunas cosas crecen mejor que otras.

  (D) Laynie estaba triste por su pez dorado.   **Objetivo 1**

7. ¿Por qué decide Brad decirle a Laynie la verdad sobre el lápiz, los crayones gastados, la cucharita y el papel aluminio?

  (A) Laynie pensó que podía cultivar a su pez dorado muerto.

  (B) Brad quería hacer llorar a Laynie.

  (C) Laynie empezaba a dudar de Brad.

  (D) Laynie ya sabía la verdad.   **Objetivo 1**

8. Lee el siguiente esquema. En él se muestra el orden en que ocurrieron algunos eventos en el cuento.

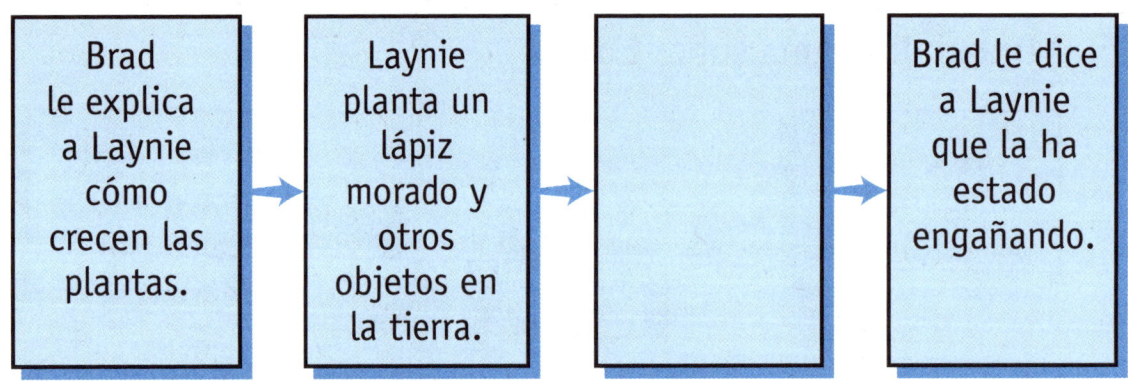

¿Cuál de estas oraciones pertenece en el cuadro vacío?

  (A) Laynie le hizo un funeral a Molly.

  (B) Laynie planta naranjas esperando que salga una pelota de baloncesto.

  (C) Laynie planta a Molly, su pez dorado muerto.

  (D) Brad decide explicarle otra vez a Laynie qué es la jardinería.   **Objetivo 3**

9. ¿Por qué es importante que el cuento haya ocurrido en el patio?

- (A) Laynie puede plantar cosas en el suelo.
- (B) Brad necesita estar afuera para hacer su magia.
- (C) A Laynie le gusta correr afuera.
- (D) Brad está aprendiendo a ser jardinero.   **Objetivo 2**

10. ¿Por qué se sintió Brad "como un gusano" después de decirle a Laynie que Molly no reviviría?

- (A) Le gustaba arrastrarse en la tierra
- (B) Laynie no entendía cómo hacer crecer las cosas.
- (C) Le había mentido a Laynie y la había desilusionado
- (D) No podía revivir a Molly   **Objetivo 2**

11. ¿Cuál de estas palabras describe mejor los sentimientos de Laynie en el párrafo 11?

- (A) perpleja
- (B) divertida
- (C) aburrida
- (D) feliz   **Objetivo 2**

12. Esta historia se escribió principalmente para —

- (A) demostrar que los niños pequeños no son muy inteligentes
- (B) demostrar lo confiados que pueden ser los niños pequeños
- (C) convencer al lector de que se dedique a la jardinería
- (D) decirle a la gente cómo plantar semillas   **Objetivo 4**

CAPÍTULO 5

PREGUNTAS DEL SIGNIFICADO DE PALABRAS

Algunas de las preguntas de la **Prueba TAKS de Lectura de 3er Grado** pondrán a prueba tu comprensión del significado de una palabra o un grupo de palabras. Hay dos tipos principales de *preguntas del significado de palabras:*

DEFINIENDO UNA PALABRA	ESCOGIENDO EL SIGNIFICADO CORRECTO DE UN DICCIONARIO

Veamos cada tipo de *pregunta del significado de palabras* para ver cómo contestar cada uno.

DEFINIENDO UNA PALABRA

Algunas *preguntas del significado de palabras* simplemente te preguntan lo que quiere decir una palabra. Por ejemplo, lee el siguiente párrafo. Luego contesta la pregunta.

> Jack era nuevo en la vecindad. Una mañana decidió ir a caminar. Mientras caminaba por la Calle Mill, Jack pasó cerca de una casa vieja que estaba <u>decayendo</u>. Las ventanas de la casa estaban quebradas, el techo parecía gotearse y parecía que nadie había vivido allí en muchos, muchos años. La madera empezaba a podrirse y el pasto crecía de los escalones y de las ventanas quebradas.

1. En este pasaje, la palabra decayendo significa—

   (A) acabada de construir   (C) deshaciéndose

   (B) muy llena   (D) echa de piedra

¿Cómo puedes contestar esta pregunta si no sabes el significado de la palabra <u>decayendo</u>? Hay cuatro métodos que puedes usar para descifrar el significado de esta u otras palabras que no conoces.

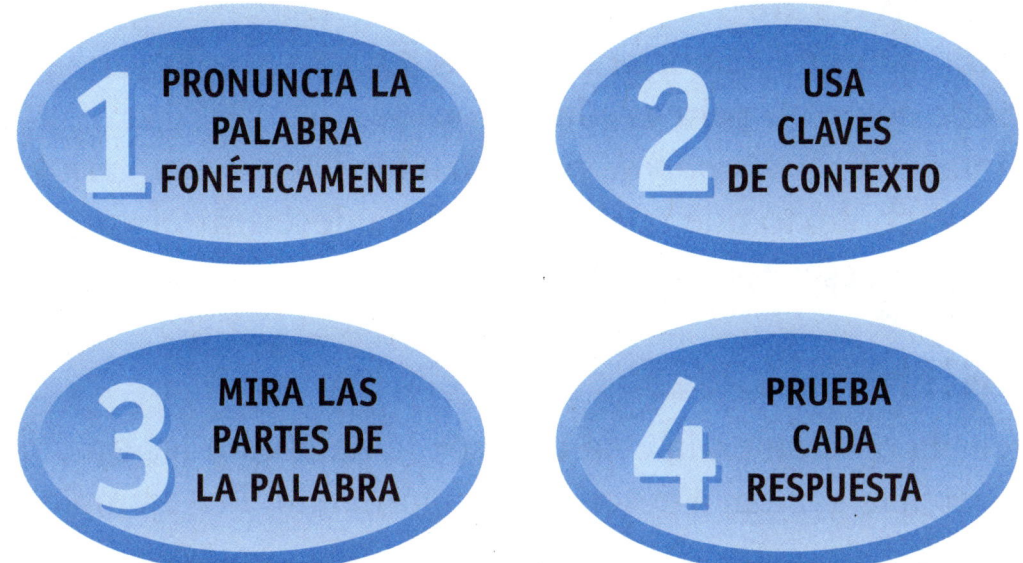

1 PRONUNCIA LA PALABRA FONÉTICAMENTE

2 USA CLAVES DE CONTEXTO

3 MIRA LAS PARTES DE LA PALABRA

4 PRUEBA CADA RESPUESTA

No todos los métodos funcionarán para cada palabra. Sin embargo, muchas veces puedes combinar varios de estos métodos para descifrar el significado de la palabra desconocida.

PRONUNCIA LA PALABRA FONÉTICAMENTE

Para pronunciar una palabra, dí los sonidos de las letras que componen la palabra. Al pronunciar la palabra, es posible que te des cuenta de que es una palabra que ya conoces. Intenta pronunciar la palabra **"de-ca-yen-do."** Primero divide la palabra en sílabas (*partes pequeñas*). Luego usa los sonidos de las letras para decir cada sílaba. ¿Suena como una palabra que ya conoces? Si te es conocida la palabra verifica las respuestas para ver si puedes encontrar la correcta.

USA CLAVES DE CONTEXTO

Las palabras y oraciones que están cerca de la palabra desconocida, frecuentemente sirven como pistas para encontrar el significado. A estas se les llama **claves de contexto.** En la **Prueda TAKS de Lectura de 3ᵉʳ Grado,** siempre habrán algunas claves de contexto para ayudarte con

preguntas del *significado de palabras*. De hecho, hay varios tipos de claves de contexto que puedes usar para descifrar el significado de una palabra desconocida.

DEFINIENDO CLAVES

A veces la oración en la cual aparece la palabra o las oraciones que están cerca te ayudan a descifrar el significado. Por ejemplo:

> **Juan vió a la Srta. Jones, la <u>superintendente</u>, la encargada de las tres escuelas del pueblo.**

Aquí la oración misma te dice la definición de la palabra. La <u>superintendente</u> es alguien que esta encargada de varias escuelas.

CLAVES DE CONTRASTE

A veces las claves de contexto te dicen lo que *no* significa la palabra. Por ejemplo:

> **A diferencia del <u>ocioso</u> Sr. Adams, la Srta. Smith todos los días estaba ocupada.**

En este ejemplo, la oración te dice que la Srita. Smith es **diferente** al Sr. Adams. La Srita. Smith es una persona muy *ocupada,* mientras que el Sr. Adams es *ocioso.* De este contraste, debes poder adivinar que ocioso es lo opuesto de *ocupado.* Si buscaras la palabra en el diccionario, te darías cuenta de que <u>ocioso</u> significa que no hace nada.

CLAVES DE SENTIDO COMÚN

A veces tendrás que revisar todo el párrafo o la selección entera para buscar pistas de contexto. Fíjate en el lenguaje que se usa en la selección. ¿El autor habla de algo feliz o de algo triste? ¿La selección es cómica o seria? A menudo la respuesta correcta es la que va mejor con el sentimiento de la lectura o con el punto de vista del autor. Usa tu sentido común para descifrar el significado de la palabra difícil.

Por ejemplo, mira el párrafo al final de la página 44. En este párrafo, lees que las ventanas de la casa están quebradas, el techo se goteaba, que nadie vivía ahí, que la madera estaba pudriéndose y que el pasto crecía en los escalones y en las ventanas quebradas.

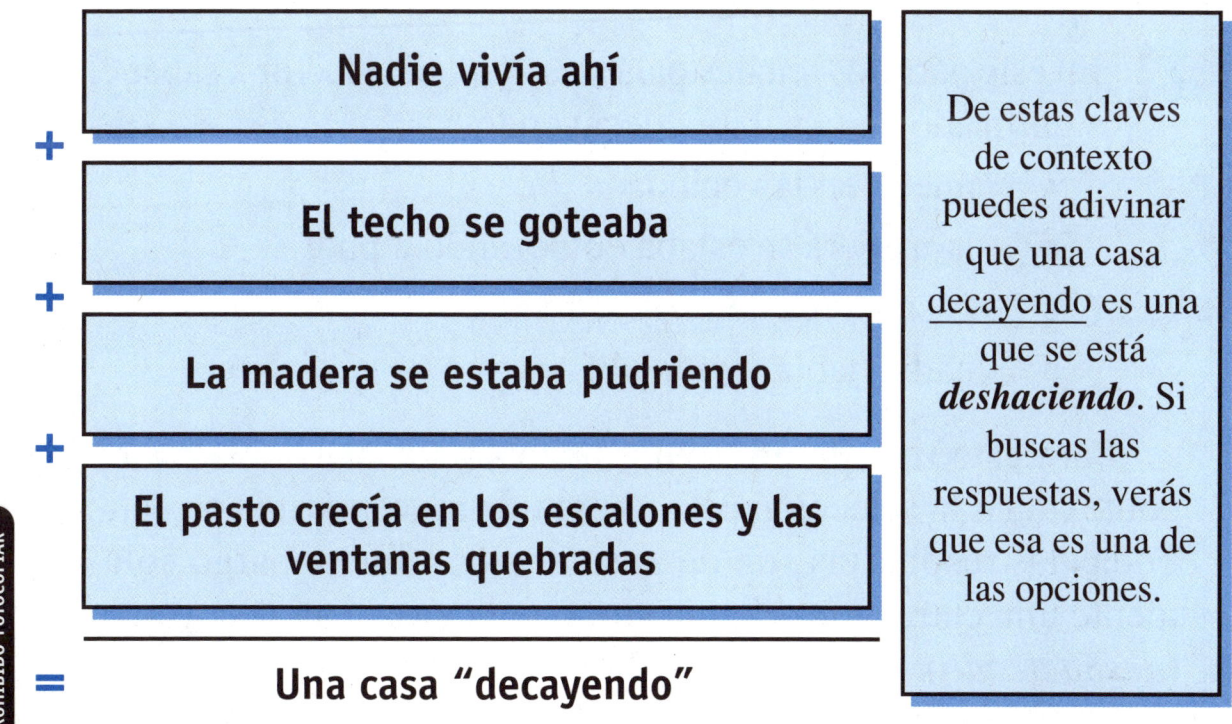

CLAVES DE CATEGORÍAS GRAMATICALES

Otro tipo de clave es la categoría gramatical de la palabra desconocida. ¿Cómo se usa la palabra en la oración? Indica acción (*verbo*), nombra una cosa (*sustantivo*), o describe algo (*adjetivo*)? La respuesta correcta tiene que jugar el mismo papel que la palabra desconocida. Por ejemplo:

> **Jack pasó cerca de una casa vieja, <u>decayendo</u> en la Calle Mill.**

Fíjate que la palabra **decayendo** se usa en la oración para describir la casa en la Calle Mill. La respuesta correcta debe ser una palabra o grupo de palabras que describen la casa en la Calle Mill.

A veces la *pregunta del significado de palabras* te pide que uses claves de contexto que se encuentran en la selección para contestar la pregunta. Por ejemplo:

2. En este párrafo, ¿cuáles palabras ayudan al lector a saber el significado de la palabra <u>decayendo</u>?

   A nuevo en la vecindad

   B la madera se estaba empezando a podrir

   C pasar cerca de una casa vieja

   D nadie había vivido allí

Para este tipo de pregunta, necesitas usar las claves de contexto en la selección para encontrar la respuesta correcta. Todas las respuestas son de la selección. Sin embargo solamente una claramente demuestra que la casa está <u>decayendo</u> (*deshaciendo*).

MIRANDO LAS PARTES DE LA PALABRA

Muchas palabras están compuestas de diferentes partes. Por ejemplo, **malentendido** es una combinación de las palabras **mal** y **entendido.**

Algunas palabras empiezan de una manera especial con **prefijos.** Saber el significado de ciertos *prefijos* comunes te ayuda a descifrar el significado de una palabra desconocida. Por ejemplo, *re*pasar, *re*leer, *re*aparecer y *re*hacer empiezan con el prefijo *re.* Casi siempre *re* enfrente de una palabra significa "volver a" u "otra vez"

Las terminaciones especiales, conocidas como *sufijos,* también proveen claves del significado de una palabra desconocida. Por ejemplo, **bondadoso** quiere decir que está lleno de bondad. **Cuidadoso** describe una persona que tiene mucho cuidado. En estos ejemplos, <u>oso</u> es el sufijo.

A veces te ayuda si cubres la parte de enfrente o de atrás de la palabra para ver si reconoces una de las partes. También fíjate si reconoces la palabra sin el principio o el final. Mirar las diferentes partes de la palabra, cuando estás usando claves de contexto, te puede ayudar a descifrar el significado.

Veamos la palabra **de-cayendo** otra vez. ¿Alguna parte de la palabra te recuerda palabras conocidas? Si cubres la parte de enfrente ves la palabra **cayendo.**

de-cayendo

¿Conoces esa palabra? ¿Qué significado podría tener la palabra "cayendo" en este contexto? ¿Podría significar "deshaciéndose"? Ahora checa las opciones de respuesta para ver si alguna de las respuestas parece ser la correcta.

PRUEBA CADA OPCIÓN DE RESPUESTA

La última manera de contestar la pregunta del *significado de palabras es,* intentar poner cada respuesta en el lugar de la palabra desconocida para buscarle sentido y significado. Lee cada respuesta en lugar de la palabra desconocida. Piensa en lo que el autor quiere decir en la oración. Escoge la palabra o el grupo de palabras que tengan más sentido en la oración.

Por ejemplo, mira la pregunta y las respuestas de la pagina 45. Lee cada una en el lugar de **decayendo** en la oración. *"Jack pasó cerca de una casa vieja, decayendo."*

A Jack pasó cerca de una casa vieja, *recién construida.*

B Jack pasó cerca de una casa vieja, *demasiado llena de gente.*

C Jack pasó cerca de una casa vieja, *deshaciéndose.*

D Jack pasó cerca de una casa vieja, *hecha de piedra.*

⭐ **La respuesta A** debe ser incorrecta. La selección nos dice que la casa es vieja, de manera que no puede ser "recién construida."

⭐ **La respuesta B** es incorrecta. La selección nos dice que allí no vivía nadie, de manera que no puede estar "muy llena" de gente.

⭐ **La respuesta D** es incorrecta. La selección nos dice que la madera empieza a pudrirse, de manera que "hecha de piedra" no queda.

Fíjate que muchas de las palabras de la selección que describen a la casa son "negativas" o palabras "tristes" — *quebradas, gotea,* y *podrida.* Estas palabras quedan mejor con la única frase negativa de las respuestas — *deshaciéndose.* De manera, que la respuesta correcta es la **C.**

RESUMEN: DEFINIENDO UNA PALABRA

Cuando te encuentras con una palabra desconocida en una selección de lectura, imagínate que eres un detective. Trata de usar todos estos métodos para ayudarte a encontrar el significado de la palabra desconocida:

★ <u>Pronuncia la palabra fonéticamente</u>. Después de decirla, fíjate si puedes reconocerla.

★ <u>Usa claves de contexto</u>. Busca claves de contexto que definan, contrasten, usen sentido común y sean partes del argumento.

★ <u>Mira las partes de la palabra</u>. Fíjate si reconoces el principio o el final de la palabra, o la palabra base sin su principio o final.

★ <u>Prueba cada opción de respuesta</u>. Lee cada opción de respuesta en lugar de la palabra. Usa la respuesta que tenga más sentido.

Ahora vamos a practicar respondiendo *preguntas del significado de palabras*.

LA ARAÑA SALTADORA

1   Cuando piensas en una araña, probablemente te imaginas a una criatura de color oscuro que teje una red para capturar comida.

2   Las arañas saltadoras son <u>disímiles</u> a otras arañas. La mayoría de ellas son muy coloridas. Capturan su comida saltando sobre otros insectos. Tampoco tejen redes sino que usan la seda como una cuerda de seguridad cuando se <u>arrojan</u> al suelo mientras saltan.

3   Las arañas saltadoras pueden saltar casi veinte veces el largo de su cuerpo. ¡Si tu hicieras eso, brincarías casi la mitad de una cuadra!

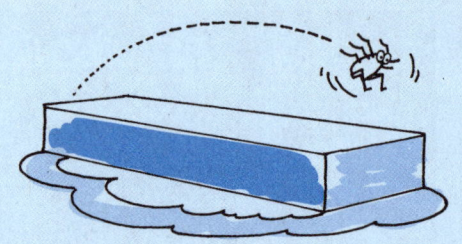

4   Debido a que las arañas salta-doras son cazadoras, su visión es excelente. Tienen dos ojos grandes enfrente de la cabeza y tres ojos más pequeños de cada lado. Todos sus ojos les ayudan a encontrar a su <u>presa</u>.

1. En el párrafo 2, la palabra <u>disímiles</u> significa —

   (A) igual que   (C) diferente de

   (B) más fuerte que   (D) mejor que

LIBERANDO LA RESPUESTA

🗝 **Pronuncia la palabra fonéticamente.** [di-sí-mil]
¿Reconoces esta palabra?

🗝 **Usa claves de contexto** • Son coloridas, no obscuras.
                          • Son diferentes a otras arañas, no tejen redes.

🗝 **Fíjate en partes de la palabra.** di-símiles
¿Alguna de estas partes te recuerda a alguna palabra?

🗝 **Prueba cada opción de respuesta.**
*Lee las opciones en lugar de **disímiles** en la oración en el párrafo 2. ¿Cuál es la mejor respuesta?*

2. En el párrafo 2, ¿cuáles palabras nos ayudan a descifrar lo que significa <u>arrojan</u>?

   (A) *hacia el suelo mientras saltan*

   (B) *son muy coloridas*

   (C) *capturan su comida*

   (D) *no tejen redes*

LIBERANDO LA RESPUESTA

Esta pregunta te pide que escojas la clave de contexto que te ayude a figurar el significado de la palabra *arrojan*.
Para este tipo de pregunta, debes enfocarte en las oraciones alrededor para encontrar la respuesta correcta.

Usa claves de contexto. • ''Cuerda de seguridad'', ''hacia el suelo'', y ''mientras saltan'' proveen claves de sentido común.

Basado en estas claves, ¿qué crees que significa *arrojan*?

¿Cuál de las opciones de respuesta te ayudó a descifrar el significado de *arrojan*?

PREGUNTAS DE DICCIONARIO

Un segundo tipo de *pregunta del significado de palabras* te pide ver una definición del diccionario y escoger la definición correcta para una palabra usada en una selección de lectura. Para responder este tipo de pregunta, deberás saber cómo leer una definición del diccionario.

USANDO EL DICCIONARIO

Un **diccionario** es un libro de referencia con listas de palabras y sus definiciones en orden alfabético. Puedes usarlo para buscar el significado de una palabra desconocida, o para verificar la ortografía de una palabra.

Frecuentemente una palabra tiene más de un significado. Los diccionarios enlistan las diferentes partes de oración (*sustantivo, verbo, adjetivo, etc.*) que puede tener una palabra. Después, el diccionario enlista los diferentes significados de una palabra para cada una de estas categorías gramaticales.

Enseguida se enlista una definición de diccionario para la palabra *justo.*

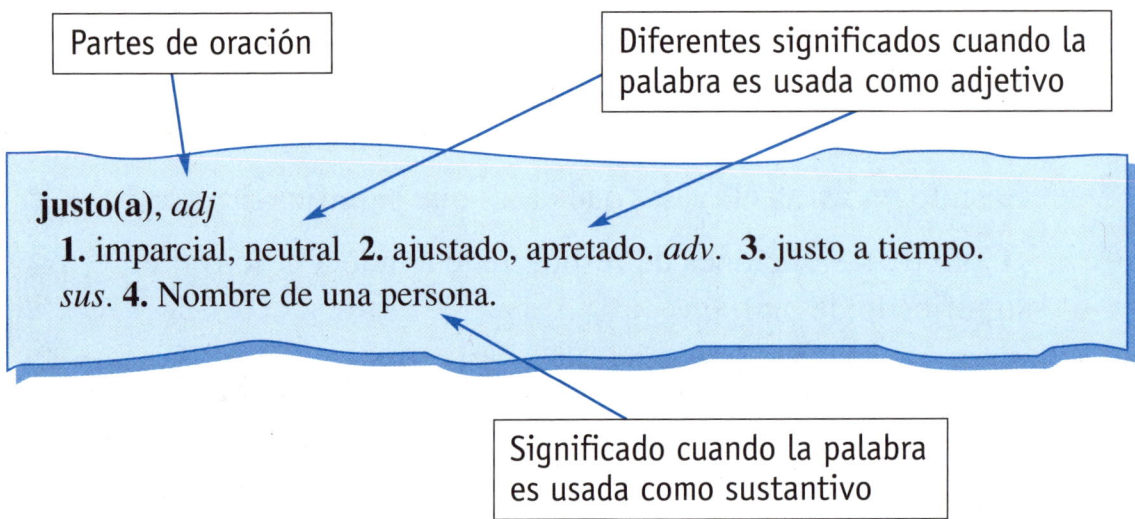

VIENDO UNA PREGUNTA DE DICCIONARIO

Como se explicó en la página anterior, una *pregunta de diccionario* te pedirá escoger el significado correcto de una palabra en la selección de lectura entre varias definiciones de diccionario.

Por ejemplo, mira la pregunta que aparece en la parte de arriba de la siguiente página. Esta pregunta se refiere a la selección de lectura "Las Arañas Saltadoras" que se encuentra en las páginas 51 y 52.

3. Lee los siguientes significados de la palabra <u>presa</u>.

> **presa** (pre-sa)
> *sust.* **1.** un animal cazado para ser alimento de otro. **2.** víctima.
> **3.** construcción que se utiliza para controlar el nivel de agua de los ríos y lagos. *m* **4.** prisionero.

¿Cuál de los significados describe mejor la forma en que la palabra <u>presa</u> es usada en el párrafo 4?

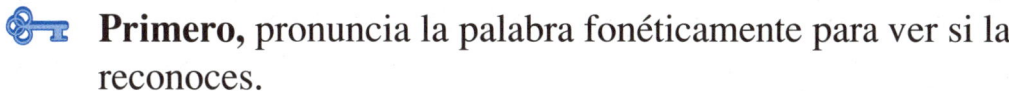 A Meaning 1   C Meaning 3

B Meaning 2   D Meaning 4

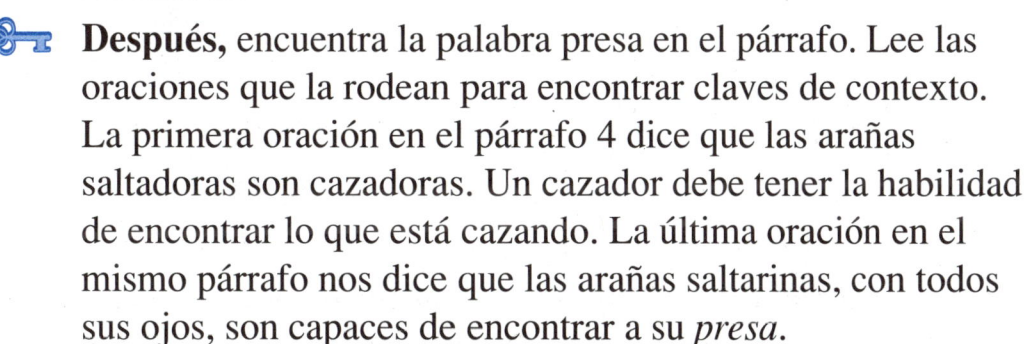

LIBERANDO LA RESPUESTA

🗝 **Primero,** pronuncia la palabra fonéticamente para ver si la reconoces.

🗝 **Después,** encuentra la palabra presa en el párrafo. Lee las oraciones que la rodean para encontrar claves de contexto. La primera oración en el párrafo 4 dice que las arañas saltadoras son cazadoras. Un cazador debe tener la habilidad de encontrar lo que está cazando. La última oración en el mismo párrafo nos dice que las arañas saltarinas, con todos sus ojos, son capaces de encontrar a su *presa*.

🗝 **Con estas claves**, deberás ser capaz de adivinar que una *presa* es lo que cazan las arañas saltarinas.

🗝 ¿**Cuál** es la mejor opción de respuesta? _____

_____

Ahora que has aprendido a responder *preguntas del significado de palabras,* "Inténtalo" completando los ejercicios en las siguientes páginas.

INTÉNTALO

Lee las siguientes selecciones. Después responde las preguntas que siguen.

LOS ANCIANOS RETORCIDOS
por Terry Reid

1   Era una fría y despejada mañana de octubre cuando explorábamos el hogar de los árboles más antiguos sobre la Tierra. En lo alto de las Montañas Blancas en California, se encuentra el Bosque de Pinos Bristlecone.

2   Muchos de estos árboles tienen miles de años de edad. Algunos son cinco mil años más viejos que las pirámides de Egipto. Cada árbol es bastante <u>distintivo</u>, no se parece a ningún otro. Sus <u>retorcidas</u> ramas, con sus numerosos nudos y arrugas, se doblan y enredan entre sí. Algunas de estas ramas tienen agujas verdes, mientras que otras ramas no tienen agujas.

3   Vimos diferentes caminos que llevaban hacia los árboles cuando empezamos nuestra excursión. Me dí cuenta de lo gruesos y duros que se sentían los árboles. La madera había tomado forma gracias a los cristales de hielo que el viento ha soplado durante años y años.

4   Me preguntaba cómo alguien podría saber la edad de éstos árboles. Los científicos han descubierto que durante cada año de vida de un árbol, se forma una nueva capa de madera alrededor de su <u>tronco</u>. Traté de imaginarme teniendo que contar miles de esas capas. Puse mi dedo en uno de los anillos de adentro y pensé cómo habría sido el mundo hace muchos años cuando éste árbol empezaba su vida.

CONTINÚA →

4   Estaba tranquilo en la cima de la montaña. Podíamos oír los ruidos de las ardillas apresuradas y del chirrido agudo de los pájaros. Cuidadosamente nos mantuvimos en nuestro camino. Los árboles son frágiles, y no queríamos arriesgar hacerles daño a esos hermosos árboles viejos. Es importante preservarlos por otros cuatro mil años.

1. En el párrafo 2, la palabra <u>distintivo</u> significa —

- **A** diferente de todos los demás
- **B** separados entre sí
- **C** muy viejo
- **D** que tiene muchas arrugas

2. En el párrafo 2, ¿cuáles palabras le ayudan al lector a saber lo que significa <u>retorcidas</u>?

- **A** *tienen miles de años de edad*
- **B** *otras ramas no tienen agujas*
- **C** *con sus numerosos nudos y arrugas*
- **D** *tienen agujas verdes*

3. Lee el siguiente significado de la palabra <u>tronco</u>.

> **tronco** *sust.*
> **1.** torso. **2.** base de un árbol geneológico. **3.** tallo fuerte y macizo de árboles y arbustos. **4.** compañero o amigo.

¿Cuál definición describe mejor la forma en que la palabra <u>tronco</u> es usada en el párrafo 4?

- **A** Significado 1
- **B** Significado 2
- **C** Significado 3
- **D** Significado 4

EL ÁGUILA Y EL CUERVO

1   Un día, un águila volaba muy alto entre las nubes. Con sus alas poderosas en un <u>descenso</u> rápido, la poderosa águila <u>arrebató</u> a un pequeño cordero entre sus garras y se lo llevó a su nido. Un cuervo cercano había visto al águila bajar por el aire y decidió imitarla.

2   <u>Agitando</u> fuertemente sus plumas y con un furioso movimiento, el cuervo bajó y cayó en el lomo de un borrego. Pero cuando el cuervo intentó volar, se dio cuenta de que no podía levantar al borrego. No tenía garras fuertes como el águila. Es más, el borrego casi ni se dió cuenta de que allí estaba el cuervo.

3   Un pastor cercano vió las acciones del cuervo. Corriendo hacia el cuervo, lo atrapó en su red. Esa tarde, el pastor les llevó el cuervo a sus hijos.

4   ¿Qué clase de pájaro es?" le <u>preguntaron</u> los niños a su papá.

5   El papá les relató a sus hijos los eventos del águila y el cuervo que había visto más temprano. Luego le dijo a sus hijos, "Este es un cuervo, pero a veces quiere ser como un águila. El cuervo nos puede enseñar una lección valiosa. Siempre sé honesto contigo mismo. Nunca pretendas ser lo que no eres."

4. En el párrafo 1, la palabra <u>descenso</u> significa —

    A   volando en un círculo   **C**   moviéndose despacio

    B   bajando de repente   **D**   volando derecho

5. En el párrafo 1, la palabra **<u>arrebató</u>** significa —

- (A) inhaló
- (B) agarró
- (C) dejó caer
- (D) vió

6. Lee el siguiente significado de la palabra **<u>agitar</u>** —

> **agitar,** *verbo*
> **1.** inquietar, preocupar, poner nervioso. **2.** mover violenta y repetidamente.
> **3.** provocar la inquietud social o política. **4.** revolver un líquido.

¿Cuál de los significados describe mejor la forma en que **<u>agitando</u>** es usada en el párrafo 2?

- (A) Significado 1
- (B) Significado 2
- (C) Significado 3
- (D) Significado 4

7. Lee la definición del diccionario para la palabra **<u>preguntar.</u>**

> **preguntar,** *verbo*
> **1.** hacer preguntas a alguien. **2.** pedir un favor. **3.** exponerse a sí mismo en forma de interrogación una duda sobre una cosa, ej. Me pregunto si lloverá mañana. **4.** exigir cierta información.

¿Cuál de las definiciones describe mejor la forma en que la palabra **<u>preguntaron</u>** es usada en el párrafo 4?

- (A) Significado 1
- (B) Significado 2
- (C) Significado 3
- (D) Significado 4

CAPÍTULO 6

PREGUNTAS SOBRE TU COMPRENSIÓN BÁSICA DE UNA LECTURA

La **Prueba TAKS de Lectura de 3ᵉʳ Grado** pondrá a prueba tu habilidad de comprender lo que lees. La Prueba examinará tu habilidad de comprender la lectura de dos maneras:

Preguntándote de qué se trata principalmente	Pidiéndote que completes un resumen de la lectura

Estos dos tipos de preguntas requieren que identifiques la idea básica de la lectura, incluyendo la *idea principal* y los *detalles importantes*. Este capítulo te ayudará a contestar ambos tipos de preguntas.

PREGUNTAS "PRINCIPALMENTE DE"

Algunas preguntas de la **Prueba TAKS de Lectura de 3ᵉʳ Grado** te preguntarán de que se "trata principalmente" o de la "idea principal" de una lectura o un pasaje de la lectura. La forma en que contestarás este tipo de pregunta será diferente si se trata de un cuento o de una lectura informativa.

CUENTOS

Cuando veas este tipo de pregunta en un cuento, te preguntará de que se trata "principalmente" un párrafo o grupo de párrafos.

La pregunta 6 acerca de "Tiene buena mano" en la prueba pre-liminar de la página 42 es un ejemplo de una pregunta "principal-mente de" lo que se trata una historia:

6. Los párrafos 7 y 8 se tratan de cómo —

- (A) Laynie se estaba divirtiendo "haciendo crecer" cosas
- (B) las cosas de la casa se pueden cosechar si se plantan
- (C) algunas cosas crecen mejor que otras
- (D) Laynie estaba triste por su pez dorado

Cuando veas una pregunta que *"trata principalmente de"* un párrafo o grupo de párrafos en un cuento, deberás seguir los siguientes pasos:

★ **Primero,** vuelve a leer esa sección de la historia. Piensa acerca de lo que está pasando en ese párrafo o grupo de pá-rrafos. ¿Estos párrafos identifican el escenario, describen a un personaje, o te dicen cómo se siente o actúa un personaje?

★ **Después,** trata de pensar en **una sola oración** que pueda expresar lo que está pasando. Esta oración debe dar la idea principal de un párrafo o grupo de párrafos.

★ **Finalmente,** mira las opciones de respuesta. Escoge la respuesta que más se acerque a la **idea principal** del párrafo o grupo de párrafos. Las respuestas que dan detalles específicos en lugar de la idea principal **no** serán correctas. Si no estás seguro de la respuesta correcta, vuelve a leer el pasaje rápidamente.

Ahora vamos a practicar respondiendo una *pregunta "principal-mente de"* acerca de una historia. Lee la siguiente selección. Sigue los pasos que acabas de aprender para contestar la *pregunta "principal-mente de"*.

EL LEÓN Y EL RATÓN

1   Un león dormía en el bosque. Un ratón tropezó con la nariz del león. El león se despertó y agarró a la pequeña criatura. El pobre ratón suplicó, "Por favor, por favor, perdóname la vida y un día te corresponderé".

2   El león se rió de pensar que algún día un ratón podría ayudarle. Como era un león amable y bondadoso, dejó ir al ratón.

3   Algunos días después, el león estaba atrapado en la red de un cazador. Incapaz de liberarse a sí mismo, el león rugió enojado. El ratón reconoció su voz y corrió para ayudar al león. El pequeño ratón saltó sobre las redes del cazador y empezó a masticarlas. En poco tiempo el león estaba libre. "Te reíste cuando dije que te correspondería", dijo el ratón. "Ahora puedes ver que hasta un ratón puede ayudar a un león".

1. Los párrafos 1 y 2 se tratan principalmente de —

  A donde durmió el león

  B cómo un ratón fue capturado y liberado

  C por qué un león ayudaría a un ratón

  D que hizo un ratón para ayudar a un león

Toma en cuenta las sugerencias de la siguiente página para ayudarte a encontrar la respuesta correcta.

LIBERANDO LA RESPUESTA

🔑 Expresa la **idea principal** de estos dos párrafos en una oración: _____

_____

_____

_____

_____

🔑 ¿Cuál de las opciones de respuesta para la pregunta es la más cercana a tu oración acerca de la idea principal? _____

_____

TEXTO INFORMATIVO

Como aprendiste en el Capítulo 3, una lectura informativa generalmente tiene una *idea principal y detalles de apoyo*. La idea principal es el mensaje básico que un escritor está tratando de presentar. Una *pregunta "principalmente de"* acerca de una lectura informativa, te podría pedir identificar la idea central de una selección entera o de varios de sus párrafos.

La pregunta 1 en el artículo "Muchos Chivitos Viven Aquí" en la prueba preliminar (página 33) es un ejemplo de este tipo de pregunta:

1. ¿De qué se trata principalmente este artículo? —

    A las diferencias entre un "chivito" y una "cabra"

    B cómo proteger mejor a los cabritos recién nacidos

    C la mejor manera de producir leche de cabra

    D las alegrías de vivir en un rancho de chivos

Cuando veas una *pregunta "principalmente de"* que te pide información acerca de una selección entera, sigue los pasos que se presentan a continuación:

★ **Primero,** piensa en el tema o asunto de la lectura. Algunas veces el título te dirá el tema.

★ **Después,** decide qué dice la lectura principalmente acerca del tema. Trata de pensar en una *oración* que expresa la idea principal de lo que lees. Algunas veces la misma lectura te dirá la idea principal en una oración del tema al principio o al final de la selección.

★ **Finalmente,** mira las opciones de respuesta. Escoge la respuesta que más se acerque a tu oración expresando la idea principal. Recuerda, las respuestas que dan detalles específicos en lugar de la idea principal generalmente **no** son correctas.

Si la pregunta te pide la idea principal de un **párrafo** o **grupo de párrafos,** sigue los mismos pasos que seguirías para una pregunta "principalmente de" en una historia (página 61).

Ahora vamos a practicar respondiendo una *pregunta "principalmente de"* acerca de una lectura informativa. Lee el siguiente artículo y sigue los pasos anteriores para responder la pregunta.

PALILLOS CHINOS
por Samantha Bonar

¡Parece tan fácil! Echando un vistazo alrededor de un restaurante chino o japonés ves a la gente usando palillos chinos con facilidad. Pero cuando *tú* tratas de manejar los largos utensilios de madera, un palillo se cruza sobre el otro, y tu comida se cae de regreso en el plato. Desesperado, clavas un camarón con la punta de un palillo. La comida llega hasta tu boca. Pero para los japoneses, lo que acabas de hacer es tan grosero como comer chícharos con un cuchillo.

CONTINÚA →

¿Por qué se le habrá ocurrido a alguien que comer con palos de madera era una buena idea? Bueno, es mucho mejor que comer con los dedos, que es lo que hacía la mayoría de la gente hace cinco mil años.

Una historia china explica que una vez, una persona hambrienta no pudo esperar a que se enfriara su comida. Agarró un par de palos de madera y sacó un pedazo de carne. Los otros lo copiaron. El uso de palillos chinos pronto se propagó por otros países asiáticos y llegó a Japón hacia el año 500 A.C.

1. Este artículo se trata principalmente de —

- (A) la propagación de restaurantes chinos y japoneses por los Estados Unidos
- (B) el uso de palillos chinos en China, Japón, y otros países
- (C) las ventajas de usar palillos chinos en lugar de comer con los dedos
- (D) los diferentes tipos de comida que hay en China y Japón

LIBERANDO LA RESPUESTA

¿Cuál es el **tema** de la lectura? _____
_____

¿Cuál es la **idea principal** del autor acerca de este tema?
_____
_____

¿Cuál respuesta se parece más a la idea principal que escribiste arriba? _____
_____

PREGUNTAS DE RESUMEN

En la sección anterior, aprendiste una de las formas en que tu comprensión básica de la lectura puede ser puesta a prueba en la **Prueba TAKS de Lectura de 3$\underline{^{\text{er}}}$ Grado.** Esta sección echa un vistazo a una segunda forma. Algunas preguntas te pedirán completar un **resumen** de una lectura.

Resumir significa volver a decir brevemente lo que está en la historia. Un **resumen** da las ideas principales y los detalles más importantes sin incluir otra información. Por lo tanto, las *preguntas de resumen* ponen a prueba tu habilidad de separar la información importante de la información menos importante.

Información Importante	Información Menos Importante
Importante	*Menos Importante*
Importante	*Menos Importante*
Importante	*Menos Importante*

RESUMIENDO UNA HISTORIA

Aquí está un ejemplo de una *pregunta de resumen* basada en la historia "Tiene Buena Mano", que respondiste en la página 40 de la prueba preliminar.

1. Lee la primera oración del siguiente resumen.

Resumen de "Tiene buena mano"

Brad intenta enseñarle a su hermana Laynie cómo crecen las cosas. _____

_____

¿Cuál de las siguientes oraciones completa mejor el resumen anterior?

- **A**   Brad anima a Laynie a plantar objetos de la casa. Brad la engaña haciéndola pensar que pueden crecer.

- **B**   Laynie planta objetos en el jardín. Brad la engaña haciendo parecer que las cosas sí pueden crecer. Después de que ella planta su pez dorado muerto, él le dice la verdad, pero ella sigue confundida.

- **C**   Después de plantar objetos de la casa en el suelo, Laynie todavía no entiende de qué se trata la jardinería. Ella planta a su pez dorado muerto, pero no crece nada.

- **D**   Su hermano le dice a Laynie que las cosas muertas no crecen. Parece que ella entiende esto hasta que intenta hacer crecer una pelota de baloncesto.

Como aprendiste en el Capítulo 2, una historia casi siempre te dice cómo sus personajes trataron de resolver un problema. Por lo tanto, un buen resumen de una historia identifica:

⭐ el ***problema central al que se enfrentan los personajes,*** y

⭐ dice ***cómo resolvieron el problema central***

En este caso, el problema central es que Brad ha engañado a Laynie haciéndola creer que los objetos de la casa pueden crecer. Sin embargo, Brad se siente mal cuando Laynie planta a su pez dorado muerto. Finalmente, le dice a Laynie lo que ha hecho. Le explica que sólo las semillas pueden crecer. Aún así, Laynie sigue confundida. ¿Cuál respuesta identifica mejor este problema central y nos muestra cómo se resuelve?

Cuando veas una *pregunta de resumen* acerca de una historia, deberás seguir los pasos que se presentan a continuación para encontrar la respuesta correcta.

★ **Primero,** piensa en una *oración* que contenga el *problema central* que enfrentan los personajes en la historia.

★ **Después,** escoge los *eventos más importantes* del cuento. Estos deben explicar cómo se resuelve el problema central.

★ **Finalmente,** mira las respuestas. Escoge la que identifique mejor los eventos importantes y explique cómo los personajes resolvieron el problema central en la historia. Cualquier opción de respuesta que da información acerca de detalles específicos sin expresar el problema central o cómo se resuelve probablemente *no* sea la respuesta correcta.

Vamos a practicar respondiendo una *pregunta de resumen* acerca de una historia. A pesar de que la siguiente historia es más corta de las que encontrarás en la **Prueba TAKS de Lectura de 3er Grado,** te ayudará a practicar respondiendo este tipo de pregunta.

EL PESCADOR Y EL PEQUEÑO PEZ

Había una vez, un pescador que vivía en una de las Islas Filipinas. Todos los días salía en su pequeño bote a atrapar peces. El pescador vivía de los peces que atrapaba. Sin embargo, durante varios días no tuvo suerte en atrapar ningún pez.

El quinto día, solamente atrapó a un pez muy pequeño. Estaba a punto de poner al pequeño pez en su canasta cuando de pronto el pez le habló.

CONTINÚA

> "Por favor perdóneme la vida, Sr. Pescador. Soy tan pequeño que no vale la pena cargarme hasta su casa. Cuando sea más grande, seré una mejor comida".
>
> El alegre pescador rápidamente puso al pequeño pez en su canasta. "Que tonto sería", le respondió a su pesca, "para dejarte libre. No importa lo pequeño que seas, eres mejor que nada".

Lee la primera oración del siguiente resumen:

Resumen de "El Pescador y el Pequeño Pez"

Un pescador atrapa solamente a un pequeño pez después de varios días de pescar. _____

_____

2. ¿Cuál de las siguientes opciones completa mejor el resumen anterior?

- **A** El pequeño pez le dice al pescador que lo deje libre hasta que crezca más. En lugar de eso, el pescador decide que aún un pequeño pez es mejor que nada.

- **B** Generalmente es difícil atrapar peces en las Filipinas. El pescador atrapa muy pocos peces. Este fue uno de sus días de suerte.

- **C** El pescador pone al pequeño pez en su canasta y se lo lleva a casa para comer.

- **D** El pescador está secretamente sorprendido cuando el pequeño pez comienza a hablar. Aún así, el pescador decide comerse al pez.

Toma en cuenta las siguientes sugerencias para ayudarte a encontrar la respuesta correcta.

LIBERANDO LA RESPUESTA

¿Cuál es el *problema central* que enfrenta el personaje principal – el hambriento pescador? _____

_____

_____

_____

¿Cómo es resuelto el problema en la historia? _____

_____

_____

Ahora escoge la respuesta que identifique mejor los eventos importantes y explique cómo el personaje principal resolvió el problema central en la historia.

RESUMIENDO TEXTOS INFORMATIVOS

Una *pregunta de resumen* acerca de una texto informativo generalmente es muy similar a una acerca de una historia. Sin embargo, la información que deberás incluir en el resumen será diferente.

El resumen de un texto informativo deberá expresar su *idea principal* e incluir los *detalles importantes* necesarios para explicar o apoyar la idea principal. No se deben incluir los detalles menos importantes.

Los pasos que se encuentran en la siguiente página te dicen lo que deberás hacer cuando veas una *pregunta de resumen* acerca de un texto informativo.

★ **Primero,** piensa en una *oración* que exprese la *idea principal* de una lectura. Asegúrate de que tu respuesta se enfoque en toda la lectura, no solamente en detalles individuales. Los autores generalmente expresan la idea principal del tema en una oración al principio o al final de la lectura.

★ **Después,** escoge los detalles más importantes necesarios para explicar o apoyar la idea principal de la lectura.

★ **Finalmente,** escoge la respuesta que identifique mejor la idea principal de una lectura y los detalles de apoyo más importantes.

Ahora vamos a practicar respondiendo una *pregunta de resumen* acerca de un texto informativo. Lee el siguiente artículo y sigue los tres pasos que acabas de aprender para responder la pregunta.

NUESTROS AYUDANTES ROBOTS
por Barbara Saffer

1   Quizá no te das cuenta, pero los robots son una parte importante de tu vida. Ellos hacen la television que tu ves, los carros en los que viajas, y los videojuegos con los que juegas. Algunos robots les ayudan a los doctores a hacer cirugía en el cerebro, mientras que otros les traen comida a los pacientes de los hospitales. Los robots son especialmente útiles para realizar trabajos peligrosos — como reparar una planta de energía o desarmar una bomba.

2   La mayoría de la gente piensa que los robots son máquinas que se ven más o menos como humanos. Sin embargo, en la vida real, la mayoría de los robots no se parecen nada a la gente.

3   Los robots son máquinas controladas por computadoras. La mayoría parecen cajas o tubos con uno o más "brazos" que hacen algun trabajo, como empacar naranjas o pintar carros. Algunos robots tienen pistas, ruedas, o piernas para poder explorar el fondo del océano o para hacer otros trabajos.

CONTINÚA ▶

4   Por supuesto hay una gran diferencia entre robots y humanos. Los robots no pueden pensar o crear nuevas ideas. Sin embargo, un día esto podría cambiar. Los científicos están tratando de hacer robots que tengan la habilidad de aprender, pensar, y resolver problemas igual que la gente.

5   Algún día los robots podrían aprender a pensar y actuar como humanos. ¿Serían humanos entonces? Los científicos no lo creen. Ellos creen que la habilidad humana de sentir placer, dolor, alegría, y tristeza no puede ser creada en una máquina. No importa lo inteligentes que lleguen a ser los robots, es muy poco posible que algún día desarrollen sentimientos humanos.

1. Lee la primera oración del siguiente resumen.

Resumen de "Nuestros ayudantes robots"

Hoy en día, los robots juegan un importante papel en la vida de la gente. _____

¿Cuál de las siguientes opciones completa mejor el resumen anterior?

- **A** Los robots hacen televisiones, carros y videojuegos. Algunos robots realizan cirugías. Otros robots hacen trabajos peligrosos. Incluso otros ayudan a explorar los océanos.

- **B** La mayoría de la gente piensa que los robots son máquinas que se parecen a los humanos, pero la mayoría de los robots no se parece nada a la gente.

- **C** Los robots son máquinas. Algunos robots tienen "brazos" o pistas, ruedas, o piernas para poder realizar trabajos.

- **D** Los robots realizan muchos trabajos importantes. Los científicos están tratando de construir robots que puedan aprender y pensar. Sin embargo, los robots jamás desarrollarán sentimientos humanos.

Después de leer la selección "Nuestros ayudantes robots," usa las siguientes sugerencias para encontrar la respuesta correcta.

LIBERANDO LA RESPUESTA

Escribe una *oración* que exprese la *idea principal* de toda la lectura. _____

_____

_____

Haz una lista de los *detalles importantes* que se necesitan en una lectura para explicar o apoyar su idea principal _____

_____

_____

Ahora escoge la respuesta que identifique mejor la *idea principal* de una lectura y relata los detalles más importantes. _____

INTÉNTALO

En este capítulo aprendiste cómo responder preguntas que ponen a prueba tu comprensión básica de un cuento o de un texto informativo. Piensa lo que haz aprendido mientras lees las dos selecciones siguientes. Cada selección tiene enseguida una pregunta basada en el capítulo anterior acerca de *preguntas del significado de palabras*.

Los ejercicios de práctica en los próximos capítulos también incluirán preguntas basadas en capítulos anteriores. Para cuando tomes la **Prueba TAKS de Lectura de 3er Grado,** ya habrás tenido suficiente práctica en todos los diferentes tipos de preguntas que pueden aparecer en el exámen.

Highlights
para Niños
UNA REVISTA PARA NIÑOS

junio 2003   Vol. 9 número 6

AUNQUE LLUEVA O BRILLE EL SOL
por Geary Smith

1   Hace muchos años, vivía una anciana mujer con sus dos hijos. La anciana era muy pobre. Ella dependía de lo que sus hijos ganaban en sus negocios, para vivir.

2   El hijo mayor de la anciana vendía abanicos. Su hijo menor vendía paragüas. Ella se preocupaba por sus negocios todos los días. Ella esperaba que sus hijos ganaran mucho dinero.

3   Cada mañana cuando salía el sol, la mujer miraba hacia el cielo. Cuando estaba nublado y oscuro, ella decía, "Si el sol no brilla hoy, nadie va a comprar los abanicos de mi hijo, y no ganará nada de dinero".

4   Cuando el sol brillaba, ella decía, "Estoy segura de que nadie va a querer comprar paraguas hoy, y mi hijo no ganará nada de dinero".

5   No importaba cómo estaba el cielo, soleado o nublado, la anciana se preocupaba de que sus hijos no ganarían nada de dinero.

CONTINÚA

6   Una tarde, cuando la anciana estaba <u>apurada</u> por la clase de clima que habría al día siguiente, se encontró con una buena amiga que conocía su situación.

7   "¿Crees que estará soleado o nublado mañana?", le preguntó la anciana a su amiga.

8   "Nunca deberías preocuparte por lo que pasará mañana, querida", respondió su amiga. "Tienes dos hijos muy trabajadores. Si brilla el sol, tu hijo mayor ganará dinero. Si llueve, tu hijo menor ganará dinero. No importa lo que pase mañana, tú no tienes nada de que preocuparte".

9   La mujer pensó en lo que le dijo su amiga, y estuvo feliz y conforme por el resto de su vida.

1. Los párrafos 2 al 4 son principalmente acerca de —

- Ⓐ cómo el hijo mayor de una anciana vendía abanicos
- Ⓑ cómo algunas personas ganan dinero vendiendo abanicos o paraguas
- Ⓒ cómo una mujer se preocupaba pensando que sus hijos no ganarían dinero
- Ⓓ cómo cambia el clima todos los días

2. En el párrafo 6, la palabra <u>apurada</u> significa —

      A   preocupada

      B   pensativa

      C   negándose a pensar

      D   esperando ansiosamente

3. Lee la primera oración del siguiente resumen.

> ## Resumen de "Aunque llueva o brille el sol"
>
> Una anciana, cuyos hijos vendían abanicos y paraguas, se preocupaba de que sus hijos no podrían hacerse cargo de ella. _____

¿Cuál de las siguientes opciones completa mejor el resumen anterior?

      A   Cuando llueve, se preocupa de que nadie le comprará abanicos a su hijo. Él no ganará nada de dinero. La mujer sigue preocupándose por el futuro.

      B   Cuando está soleado, se preocupa de que nadie le comprará paraguas a su hijo, y no ganará nada de dinero. La mujer siempre se preocupaba.

      C   Una buena amiga le dice que no debe preocuparse. Sus dos hijos siempre ganarán dinero en sus negocios. La anciana sigue preocupada por el futuro.

      D   Una buena amiga le dice que no debe preocuparse. No importa cómo esté el clima, uno de sus hijos siempre ganará dinero. Ahora la anciana está feliz y conforme.

AppleSeeds

Una Publicación de Coblestone

febrero 1999   Vol. 7, número 5

PASA EL PAN, POR FAVOR
por Cindy Hall

1   ¿Qué comían los niños en el antiguo Egipto? ¿Sus padres les hacían acabarse las verduras antes de comer postre? ¿Existían los dulces? ¿Los niños comían sandwiches de mantequilla de cacahuate y mermelada hace 4,000 años?

2   Nadie está seguro si los niños en el antigüo Egipto tenían que comerse todas sus verduras. Pero existen pistas en las ruinas de algunas tumbas que responden muchas preguntas. Las familias en el antigüo Egipto cultivaban su propia comida. Plantaban frijoles, cebollas, pepinos, y otros alimentos. Con frecuencia, los campesinos llevaban cabezas de "lechugas sagradas" a los templos para agradecerles a los dioses por la buena <u>cosecha</u>.

3   Había árboles frutales por todas partes en el antiguo Egipto. Los niños recogían dátiles e higos para comerlos de merienda por las tardes.

4   Los primeros apicultores del mundo fueron egipcios. Conservaban las colmenas

CONTINÚA

en ollas de cerámica grandes. Los <u>audaces</u> apicultores simplemente se sacudían las abejas para recolectar sus panales. Guardaban la miel en jarras. Los niños deben haber disfrutado metiendo los dedos en estos tazones llenos de dulce miel.

5   Quizá también ponían miel en su pan. En el antigüo Egipto, los niños comían pan con cada comida. De hecho, el pan era la comida principal del antigüo Egipto. Había cientos de tipos de pan de diferentes formas y tamaños. Algunas recetas usaban frutas, ajo, o nueces para darle sabor al pan.

6   Sin embargo, comer pan causaba algunos problemas. Con frecuencia, le caían pedacitos de arena y piedras a la masa. Los científicos han descubierto que la mayoría de las momias egipcias tienen dientes desgastados o les faltan algunos. Ellos creen que los egipcios se desgastaron los dientes masticando su pan. La arena y las piedras desgastaban sus dientes como si fueran lijas.

7   ¿Entonces qué comían los niños egipcios en lugar de sandwiches de mantequilla de cacahuate y mermelada? Es una receta que probablemente no quieras probar en casa. Los niños cortaban piezas de pan gruesas, untaban ajo encima, y luego ponían mucha cebolla cruda. ¿Delicioso...? ¡Quizá por eso masticaban hojas de menta para endulzar su aliento!

4. ¿De qué se trata este artículo principalmente?

- (A) lo que comían los niños en el antiguo Egipto
- (B) cómo los egipcios fueron los primeros apicultores del mundo
- (C) los problemas que tenían los egipcios con su pan
- (D) de si los niños egipcios comían suficientes verduras

5. Lee los siguientes significados de la palabra cosecha.

> **cosecha**, *sust*.
> **1.** la acción de recoger lo que se cultiva. **2.** los cultivos que se obtienen al final de la época de siembra. **3.** la época de empezar a recoger lo cultivado. **4.** el resultado de una acción.

¿Cuál significado describe mejor la forma en que la palabra cosecha fue usada en el párrafo 2?

- (A) Significado 1
- (B) Significado 2
- (C) Significado 3
- (D) Significado 4

6. El párrafo 4 se trata principalmente de —

- (A) los tipos de meriendas que comían los niños egipcios
- (B) cómo obtenían miel los antigüos egipcios
- (C) los panes de sabores que hacían los egipcios
- (D) cómo la miel egipcia se guardaba en jarras

7. En el párrafo 4, la palabra audaces significa —

- (A) sin ropa de protección
- (B) pobres
- (C) sin miedo
- (D) ricos

CAPÍTULO 7

PREGUNTAS ACERCA DE LOS ELEMENTOS DE UN CUENTO

Algunas preguntas en la **Prueba TAKS de Lectura de 3er Grado** serán acerca del escenario, personajes, o el argumento de la historia. En este capítulo, aprenderás cómo responder estos tipos de preguntas de opción múltiple.

PREGUNTAS SOBRE EL ESCENARIO DE UN CUENTO

El **escenario** es *dónde* y *cuándo* ocurre el cuento. Las preguntas acerca del escenario de un cuento te pueden pedir:

> identificar el tiempo o lugar del cuento

> decir por qué el tiempo o lugar del cuento es importante

Para responder preguntas acerca del *tiempo* o *lugar* de una historia:

★ Busca pistas en el cuento acerca de **cuándo** o **dónde** se lleva a cabo. Estas pistas generalmente se encuentran al principio del cuento. Recuerda que la historia se puede llevar a cabo en más de un lugar y tiempo.

★ Si el escenario no está descrito directamente, lo puedes adivinar poniendo atención a las descripciones, acciones, o lenguaje de los personajes.

★ Si no encuentras información acerca del escenario al principio del cuento, repasa todo el cuento para encontrar más detalles.

CÓMO BUSCAR DETALLES EN UNA SELECCIÓN DE LECTURA

Para responder a preguntas acerca del *escenario, personajes,* o *argumento,* algunas veces tendrás que repasar la selección rápidamente para encontrar información específica:

★ Repasa cada párrafo buscando **palabras clave.** Mantén los ojos abiertos sin enredarte demasiado en lo que estás leyendo. Detente cada vez que encuentres un nombre o descripción que estás buscando. Por ejemplo, si estás tratando de encontrar el escenario de la historia, detente cada vez que veas el nombre o descripción de un lugar o tiempo.

★ Cada vez que te detengas, lee cuidadosamente para encontrar los detalles de esa sección. Fíjate si provee la información que necesitas para responder la pregunta.

★ Si no has encontrado la respuesta, sigue buscando el siguiente lugar donde podría estar descrito el escenario.

Este método para buscar información específica en una selección de lectura es conocido como escanear. Imagínate que **escanear** es explorar buscando un tesoro. Tu estás escaneando o explorando la lectura como si estuvieras buscando un tesoro escondido.

Algunas preguntas serán acerca de **por qué** es importante el escenario de una historia. Para responder estas preguntas, deberás:

★ **Primero,** decidir *dónde* y *cuándo* ocurre la historia.

★ **Después,** piensa cómo el lugar y tiempo de la historia ayudan a que ocurran los eventos. Con frecuencia, el problema central de la historia depende del lugar y tiempo en que ésta se lleva a cabo. ¿Podrían haber ocurrido los eventos de la historia en otro lugar o tiempo?

★ **Finalmente,** repasa las opciones de respuesta. Fíjate cuál explica mejor cómo el tiempo y lugar ayudaron a hacer que ocurrieran los eventos en la historia.

Vamos a ver un ejemplo de una historia para ver cómo pueden ser las preguntas acerca de su escenario. Lee la siguiente historia. Después responde las preguntas que siguen. Esta misma historia será usada después en otro capítulo para enseñarte cómo responder preguntas acerca de personajes.

MIEDOSO
por Myra Sanderman

1   Robby Sullivan llegó a su departamento justo antes de que empezara la tormenta. La tormenta prácticamente lo mandó a su casa volando desde la escuela. Los rayos y truenos hacían más ruido que una banda de música. "¿Qué vas a cocinar, mamá?"

2   "Nada si se va la luz", dijo su mamá. "Obscurece tan temprano que no podremos ver nada".

3   En ese momento, se fue la luz. La Sra. Sullivan le dijo a Robby que fuera a traer la linterna. Robby regresó alumbrándose la barbilla con la linterna. "Aléjate de la señora del departamento 102", dijo con voz aterradora

CONTINÚA

4   "¿El departamento 102? Ahí es donde vive la viejita Sra. Kretchkoff. Me pregunto si ella está bien. Robby, por favor baja y fíjate si necesita algo".

5   "¿Yo? De ninguna manera. Ella odia a los niños", dijo Robby. En realidad, él no quería decir que le tenía miedo porque una vez la viejita le gritó.

6   "Ella puede necesitar ayuda ahora que no hay luz", dijo su mamá. "Ahora, vete. Tendrás que usar las escaleras".

7   "¡Las escaleras! Son cinco pisos". El no quería decir que le tenía miedo a las escaleras también, incluso cuando las luces estaban encendidas. Robby se fue agarrando de la pared hasta que encontró la puerta hacia las escaleras. La linterna proyectaba en la pared sombras que daban miedo. Su propia sombra se movía de un modo que también asustaba. Su corazón latía rápidamente. Robby iba contando cada piso que bajaba. Bajó agarrándose del pasamanos, alumbrando con su linterna, y tratando de ver lo que había enfrente. Robby trató de aguantarse las ganas de llorar. Tenía que permanecer tranquilo. "No hay nada de que asustarse aquí", dijo Robby en voz alta.

8   Finalmente, bajó el último escalón y abrió la puerta hacia el corredor. Agarrándose de la pared, Robby finalmente llegó al departamento de la Sra. Kretchkoff. Con manos temblorosas, tocó la puerta.

9   La puerta se abrió sólo un poquito, lentamente, y la Sra. Kretchkoff asomó la cara. Entonces, abrió toda la puerta y gritó, "¡Pasa!" Se dió la vuelta y desapareció en el oscuro departamento.

CONTINÚA

10 Robby escuchó ruidos adentro del departamento y se imaginó que provenían de la cocina. Mientras más se acercaba, más fuertes se escuchaban los ruidos. Cuando llegó a la cocina, la Sra. Kretchkoff estaba trabajando en la mesa, dándole la espalda a él. ¿Qué estaba haciendo? ¿Qué le haría a él?

11 De pronto, la anciana se volteó. Tenía una cosa grande y larga en sus manos. Robby jadeó. La Sra. Kretchkoff gritó, "No te quedes ahí parado, baja las velas que están en ese estante. Estoy tratando de terminar de hornear".

12 Robby se paralizó. Y después soltó una carcajada. La Sra. Kretchkoff estaba sosteniendo un palote. Sus manos estaban cubiertas de harina. Sobre la mesa había masa extendida.

13 "No entiendo de qué te ríes", dijo la anciana. "No me gusta un departamento oscuro. Hace que la gente empieze a ver cosas raras".

14 "No hay nada de qué asustarse aquí", dijo Robby, alumbrando hacia las esquinas de la habitación. Robby bajó las velas y ella las encendió. Después ella se despidió de él sin decir nada.

15 Robby subió las escaleras de dos en dos. Cuando llegó arriba, notó que había subido cinco pisos en la oscuridad sin haberse dado cuenta. No hay nada de que asustarse aquí, pensó. Tampoco hay nada raro en el departamento 102. Sólo una anciana enojona que le teme a la oscuridad.

1. ¿Cuál es el escenario del cuento?

  (A) unas escaleras después de un accidente

  (B) un edificio de departamentos durante un apagón

  (C) la cocina del autor en una noche de verano

  (D) la escuela durante una peligrosa tormenta

LIBERANDO LA RESPUESTA

¿Cuáles párrafos te dicen *dónde* y *cuándo* ocurrió el cuento? _____

¿Cuál opción de respuesta identifica correctamente el escenario? _____

2. ¿Por qué es importante que se fué la luz en el cuento?

  (A) Robby está forzado a enfrentar sus miedos

  (B) La Sra. Kretchkoff se encuentra en problemas cuando se va la luz.

  (C) La mamá de Robby le tiene miedo a la oscuridad

  (D) A Robby no le cae bien la Sra. Kretchkoff

LIBERANDO LA RESPUESTA

¿Cuál es el problema central del cuento? _____

_____

¿Cómo contribuye el apagón al problema central? _____

_____

¿Cuál opción de respuesta explica mejor por qué el apagón es importante? _____

PREGUNTAS ACERCA DE LOS PERSONAJES DE UN CUENTO

En la **Prueba TAKS de Lectura de 3ᵉʳ Grado,** es posible que encuentres preguntas acerca de los personajes de un cuento. Las preguntas acerca de los personajes pueden incluir:

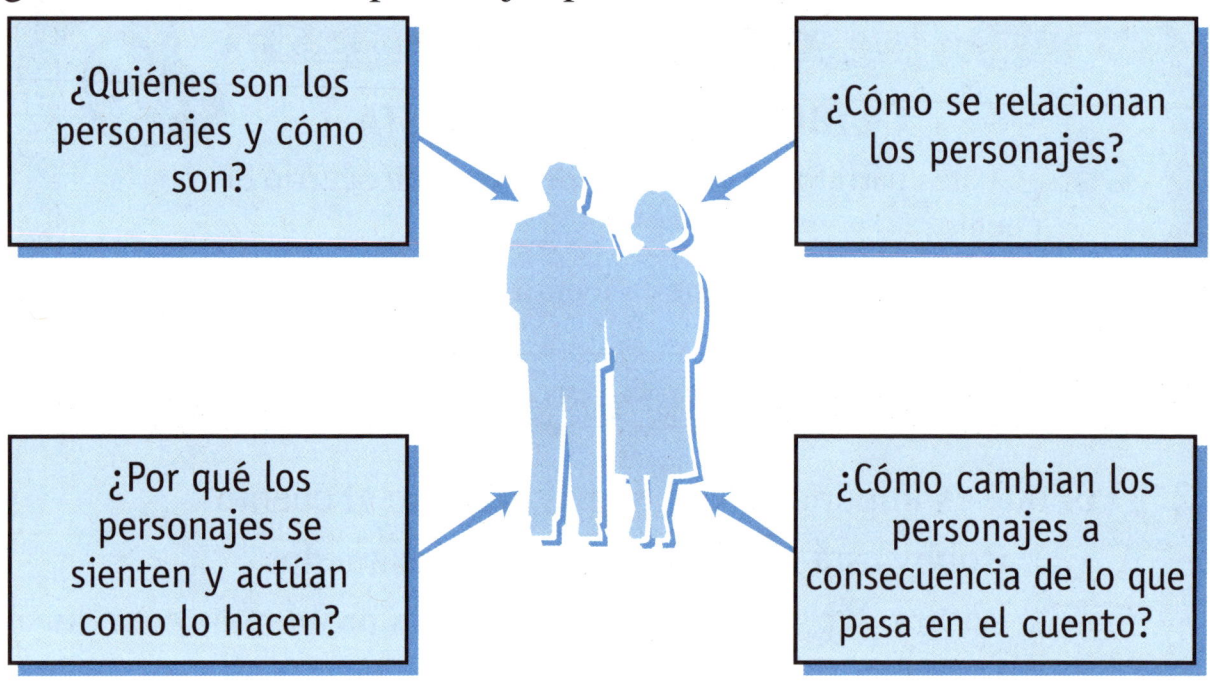

¿Quiénes son los personajes y cómo son?

¿Cómo se relacionan los personajes?

¿Por qué los personajes se sienten y actúan como lo hacen?

¿Cómo cambian los personajes a consecuencia de lo que pasa en el cuento?

Para responder preguntas acerca de los personajes de un cuento, deberás:

★ **Primero,** estudiar la pregunta. Asegúrate de que entiendes lo que te pide.

★ **Después,** repasar la lectura para encontrar la información que te pide:

• Si la pregunta te pide la *descripción* de un personaje, encuentra las partes de la lectura en donde está descrito el personaje.

• Si te pregunta cómo se siente o actúa un personaje en un *momento específico,* regresa a esa parte de la historia para encontrar la respuesta.

- Si te pregunta cómo un personaje *cambia* debido a un evento especial, encuentra ese evento en el cuento. Repasa esa parte del cuento para ver cómo cambió el personaje.

★ Quizá algunas veces la información que necesites no será expresada directamente en la lectura. Por ejemplo:

- Deberás decidir cómo *se siente* un personaje basándote en cómo actúa él o ella en el cuento.

- Quizá tengas que decidir cómo un personaje ha *cambiado* debido a un evento basándote en cómo ese personaje *actúa después.*

★ **Finalmente,** fíjate en las opciones de respuesta y escoge la que creas que responde mejor la pregunta.

Ahora, vamos a practicar respondiendo preguntas acerca de los personajes. Las siguientes preguntas están basadas en el cuento, "Miedoso," que acabas de leer de la página 82 a la 84. Quizá deberías repasar el cuento brevemente antes de responder.

3. Mira estos dibujos de la cara de un niño.

Figura 1   **Figura 2**   **Figura 3**   **Figura 4**

¿Cuál figura muestra cómo se sentía Robby en el párrafo 7?

- Ⓐ Figura 1
- Ⓑ Figura 2
- Ⓒ Figura 3
- Ⓓ Figura 4

LIBERANDO LA RESPUESTA

¿Cuáles detalles del cuento te ayudaron a convencerte de cómo se sentía Robby en el párrafo 7? _____

_____

_____

_____

¿Cuál es la opción de respuesta correcta? _____

Esta pregunta te pide escoger la foto del niño que muestra los mismos sentimientos que Robby sintió cuando iba bajando las escaleras en la oscuridad. Para responder correctamente la pregunta, necesitas saber cómo se sentía Robby.

El párrafo 7 muestra claramente que Robby estaba asustado. Sabemos esto porque su corazón latía rápidamente. La linterna proyectaba en la pared sombras que "daban miedo". Su propia sombra le daba miedo. Robby casi llora del miedo. Por lo tanto, la foto 3 es la que muestra mejor los sentimientos de Robby: está asustado.

4. ¿Por qué Robby decía "No hay nada de que asustarse aquí" mientras estaba bajando las escaleras?

- A Piensa que no hay nada de que estar asustado.
- B Está tratando de calmar sus propios temores.
- C Quiere que otra gente piense que él es valiente.
- D Quiere tranquilizar a otras personas que están en las escaleras.

LIBERANDO LA RESPUESTA

¿En cuál párrafo baja Robby por las escaleras? _____

_____

¿Cuáles detalles te pueden ayudar a convencerte de por qué Robby dice, "No hay nada de qué asustarse aquí"? _____

_____

Robby está solo cuando baja las escaleras. ¿Por qué alguien hablaría en voz alta consigo mismo? _____

_____

¿Cuál es la opción de respuesta correcta? _____

5. ¿Cuál de estas palabras describe mejor la forma en que la Sra. Kretchkoff se siente respecto a la oscuridad en su departamento?

A divertida   C aburrida

B asustada   D contenta

LIBERANDO LA RESPUESTA

¿Cuál párrafo te dice los sentimientos de la Sra. Kretchkoff acerca de la obscuridad?_____

_____

¿Cómo se siente la Sra. Kretchkoff respecto a la obscuridad? _____

_____

¿Qué dice Robby acerca de la Sra. Kretchkoff al final del cuento? _____

¿Cuál es la opción de respuesta correcta? _____

6. ¿Cómo cambia la actitud de Robby cuando se da cuenta de que la Sra. Kretchkoff solamente está sosteniendo un palote?

- (A) Él deja de estar enojado con ella.
- (B) Le empieza a dar hambre.
- (C) Se da cuenta de que no hay nada de qué tener miedo.
- (D) Decide ser más servicial que los demás.

LIBERANDO LA RESPUESTA

🗝 ¿En cuál párrafo se da cuenta Robby de que la Sra. Kretchkoff está sosteniendo un palote? _____

🗝 ¿Cómo reacciona Robby cuando ve esto? _____
_____
_____

🗝 ¿Qué pasa después en el cuento para mostrar que Robby ha cambiado? _____
_____
_____

🗝 ¿Cuál es la opción de respuesta correcta? _____

7. Al final del cuento, Robby sube las escaleras de dos en dos porque —

- (A) se siente feliz y ya no está asustado
- (B) por fín salió del departamento de la Sra. Kretchkoff
- (C) va de prisa para ayudar a su mamá
- (D) regresó la luz en el edificio

LIBERANDO LA RESPUESTA

¿En cuál párrafo Robby sube las escaleras de dos en dos?

_____

¿Cuáles detalles explican por qué Robby sube las escaleras sin haberse dado cuenta? _____

_____

¿Cuál es la opción de respuesta correcta? _____

PREGUNTAS ACERCA DE LOS PERSONAJES DE UN CUENTO

Aquí están algunos consejos prácticos para ayudarte a responder estas preguntas.

★ Cuando lees un cuento, sería bueno que encerraras en un círculo los nombres de los personajes cuando aparecen por primera vez. Enfócate en los personajes principales. Trata de imaginarte cómo es cada uno.

★ Para responder una pregunta acerca de un personaje, asegúrate de entender lo que te pide. ¿Te pide una descripción del personaje? ¿Te pregunta cómo actúa un personaje en un momento específico del cuento? ¿Te pregunta cómo ha cambiado un personaje durante el cuento?

★ Después, repasa la lectura para encontrar la información que te pide la pregunta.

• Si la pregunta te pide la descripción de un personaje, busca en la lectura las partes en donde el personaje es descrito.

• Si te preguntan cómo se siente o actúa un personaje en un momento específico del cuento, vuelve a leer esa parte del cuento para encontrar la respuesta.

PREGUNTAS ACERCA DEL ARGUMENTO

Como tú sabes, el **argumento** consiste de una serie de eventos que ocurren dentro de una historia. Generalmente, los personajes principales se enfrentan con un problema que tienen que resolver. Las preguntas acerca del argumento en la **Prueba TAKS de Lectura de 3er Grado** se enfocan generalmente en la idea central del cuento. Quizá te pidan:

> Identificar el problema central de los personajes del cuento

> Reconocer los eventos importantes en el cuento

> Decir cómo estos eventos ayudan a los personajes a resolver el problema central

IDENTIFICANDO EL PROBLEMA CENTRAL

Un tipo de pregunta acerca del argumento será identificar el *problema central* del cuento. Para responder este tipo de pregunta, deberás:

★ **Primero,** leer el cuento para encontrar el problema central que los personajes enfrentan. El problema central generalmente se encuentra al principio de la lectura. Trata de escribirlo en forma de oración.

★ **Después,** poner atención a los eventos principales del cuento. Determina si la mayoría de los eventos influyen en la habilidad de los personajes para resolver el problema central. Si no lo hacen, quizá no determinaste el problema correctamente.

★ **Finalmente,** mirar las opciones de respuesta. Escoge la que describe mejor el problema central.

Por ejemplo, en "Asustado de Todo", el problema central es el hecho de que Robby siempre está asustado. Casi todo en la historia es acerca del problema. Es la parte central de la historia. Robby está asustado de muchas cosas: de la Sra.Kretchkoff, de las escaleras, y de la obscuridad. Al final de la historia, él aprende a no estar asustado de todo.

Para practicar respondiendo este tipo de pregunta, lee el siguiente cuento popular africano. Después responde las siguientes preguntas.

UNA PRUEBA DE HABILIDAD

1 En las pastosas llanuras de África, vivía una población gobernada por un sabio jefe anciano. El jefe tenía tres hijos. Cada uno de ellos era bueno para montar y cazar. Sin embargo, los tres hermanos frecuentemente competían entre ellos para ver quién era el mejor.

2 Un día el jefe, cansado de las constantes peleas de sus hijos, decidió poner fin a sus competencias. Proclamó que pondría a prueba a sus hijos en una competencia. Esto finalmente respondería la pregunta de cuál hijo tenía la mayor habilidad y fuerza.

3 El jefe apuntó hacia un árbol cerca de su casa. "Usaré este árbol para probar quién de ustedes es el más fuerte y más hábil," exclamó el jefe. Los hijos obedientemente montaron sus caballos. Cabalgaron una corta distancia y se detuvieron.

4 El hijo mayor se apresuró en su caballo hacia el árbol. Clavó su lanza atravéz del árbol y cabalgó por el hueco que había creado. Todos en la aldea estaban muy asombrados.

5 El segundo hijo se apresuró en su caballo. Cuando llegó al altísimo árbol, él y su caballo brincaron por encima de él. Esto fue aún más impresionante que lo que su hermano mayor acababa de hacer.

CONTINÚA ▶

6   El hijo menor fue el último. Pensó profundamente antes de moverse. Algunos de los espectadores comenzaron a impacientarse. Finalmente, cabalgó hacia adelante, agarró el árbol y lo arrancó, con todo y raíces. Siguió cabalgando, meneando el árbol por encima de su cabeza. Impresionado por esta acción, el jefe decidió que su hijo menor era el mejor de los tres.

8. ¿Cuál es el problema central del cuento?

   A   ¿Cómo puede el jefe arrancar el árbol de la tierra?

   B   ¿Qué puede hacer el jefe para que los tres hermanos se ayuden mutuamente?

   C   ¿Cómo puede el jefe ganar el respeto de sus hijos?

   D   ¿Cómo puede decidir el jefe cuál de sus hijos tiene la mayor habilidad?

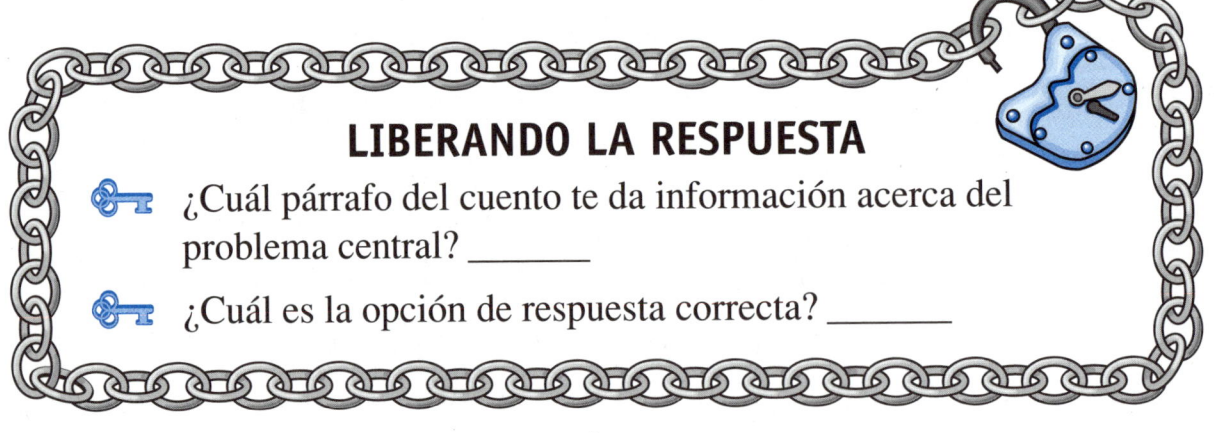

LIBERANDO LA RESPUESTA

¿Cuál párrafo del cuento te da información acerca del problema central? _____

¿Cuál es la opción de respuesta correcta? _____

PREGUNTAS DE SECUENCIA

Algunas de las preguntas acerca del argumento serán acerca del orden de los eventos en el cuento. La **secuencia** se refiere al orden en que ocurren las cosas. Las preguntas que se refieren a la secuencia en la **Prueba TAKS de Lectura de 3er Grado** pueden ser:

¿Qué pasó *antes* o *después* de un evento en el cuento?

¿Cuál evento ocurrió *primero* o *al final*?

Para responder preguntas acerca de la secuencia de los eventos, deberás:

★ **Primero,** localizar en la lectura los eventos que se enlistan en la pregunta.

★ **Después,** poner los eventos en orden. Recuerda, la mayoría de los autores presentan los eventos en el orden en que ocurrieron. Puedes enumerar estos eventos en la lectura, o hacer una lista de ellos en el orden en que ocurrieron. También puedes hacer un diagrama, como una línea cronológica, mostrando los eventos en el cuento.

Vamos a tratar de responder preguntas acerca de la *secuencia* del cuento, "Una prueba de habilidad". Repasa el cuento, y después responde las siguientes preguntas.

9. ¿Cuál evento ocurrió primero en la historia?

- A El hijo menor arrancó el árbol.
- B El hijo mayor cabalgó através de un hueco en el árbol.
- C El jefe anunció que habría una competencia entre sus hijos.
- D El hijo de en medio saltó por encima del árbol con su caballo.

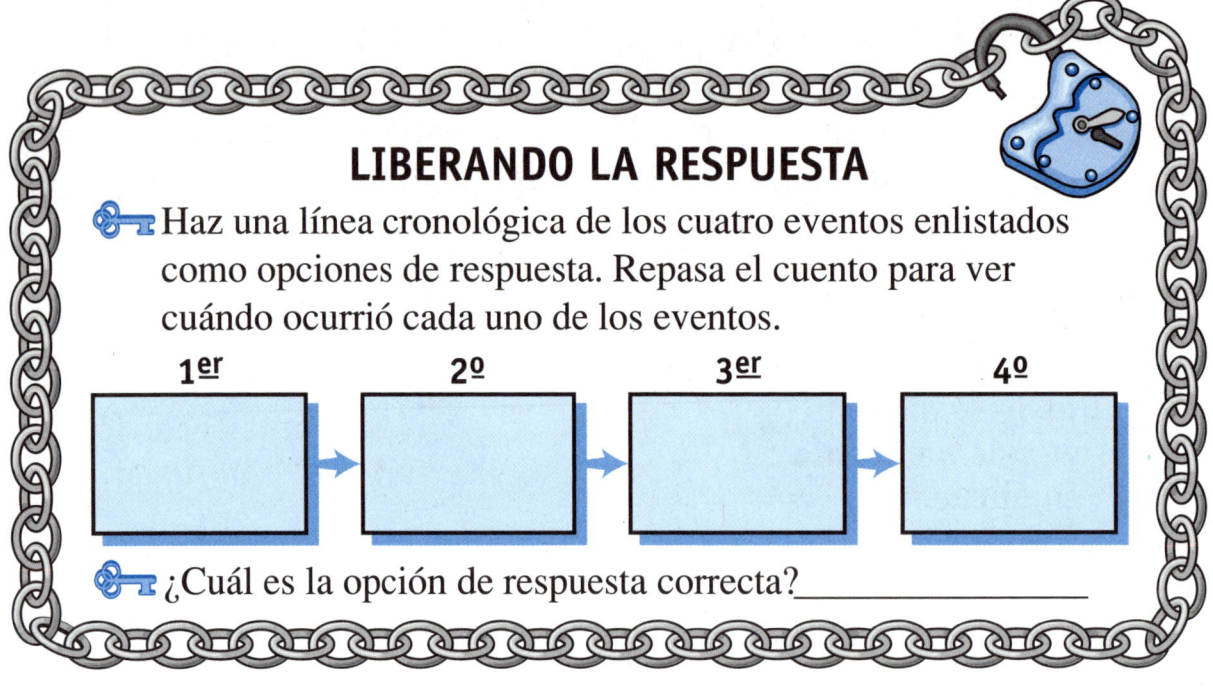

LIBERANDO LA RESPUESTA

Haz una línea cronológica de los cuatro eventos enlistados como opciones de respuesta. Repasa el cuento para ver cuándo ocurrió cada uno de los eventos.

1er	2º	3er	4º

¿Cuál es la opción de respuesta correcta?_____

10. ¿Qué pasó después de que el segundo hijo saltó por encima del altísimo árbol?

- (A)   Su caballo se cayó sobre un arbusto cercano.
- (B)   Su padre decidió que él era el más fuerte.
- (C)   Su hermano menor renunció a la competencia.
- (D)   Su hermano menor arrancó el árbol desde las raíces.

LIBERANDO LA RESPUESTA

¿En cuál párrafo saltó por encima del árbol el segundo hijo?

_____

¿Qué pasó después en el cuento?   _____

_____

_____

¿Cuál es la opción de respuesta correcta? _____

PREGUNTAS DE CAUSA Y EFECTO

Algunas preguntas acerca del argumento en la **Prueba de Lectura TAKS de Tercer Grado** te preguntarán por qué ocurre cierto evento en la historia o por qué es importante. Estos tipos de preguntas requieren que entiendas **causa y efecto.**

★ La **causa** de algo es lo que lo hace ocurrir. Por ejemplo, si subes el apagador de luz, causas que se encienda la luz. Las preguntas acerca de la causa generalmente comienzan con las palabras *por qué*.

★ El **efecto** de algo es lo que ocurre como resultado. El efecto de que subas el apagador es que la luz se enciende.

CAUSA Alguien subió el apagador de luz. **EFFECTO** La luz se encendió.

Muchas veces, las palabras clave en la lectura te ayudarán a responder las preguntas. Estas palabras clave incluyen: *por qué, porque, como resultado,* y *para* o *para que*. Algunas veces no encontrarás estas palabras clave en la lectura, pero todavía será claro que un evento causó otro.

Si te preguntan *por qué* pasó algo, repasa la lectura. Con frecuencia algo ocurre en la historia debido a las acciones de uno o más personajes. Piensa por qué los personajes actuaron como lo hicieron. La *razón porque* un personaje hizo algo frecuentemente explica *por qué* eso pasó. Piensa siempre acerca de los motivos que tuvieron los personajes cuando respondes por qué un evento ocurrió.

Si la pregunta es por qué un evento es *importante* en la historia, la pregunta realmente se trata de los *efectos* del evento. Para responder este tipo de pregunta, piensa cómo el evento o sus *efectos* ayudan a los personajes a resolver el problema central de la historia.

Para responder *preguntas de causa y efecto,* deberás:

> ★ **Primero,** leer cuidadosamente la pregunta. ¿Se trata de una *causa* o un *efecto*?
>
> ★ **Después,** repasar la lectura para encontrar los eventos acerca de los que te están preguntando:
>
> - Usa **palabras clave** y otras pistas para encontrar la **causa** de algo. Piensa cómo las acciones de un personaje pudieron haber causado el evento.
>
> - Para encontrar los **efectos,** piensa en qué pasó a causa del evento. Para decidir por qué un evento es importante, piensa acerca de sus efectos.

Vamos a practicar respondiendo *preguntas de causa y efecto.* Responde las siguientes preguntas acerca de "Una Prueba de Habilidad", en la página 93.

11. ¿Por qué decidió el jefe hacer una competencia entre sus tres hijos?

- Ⓐ   Quería saber a cuál de sus hijos quería más.
- Ⓑ   Quería ver si sus hijos lo obedecerían.
- Ⓒ   Quería mostrarles a sus hijos que todavía necesitaban entrenamiento.
- Ⓓ   Quería parar las constantes peleas entre sus hijos.

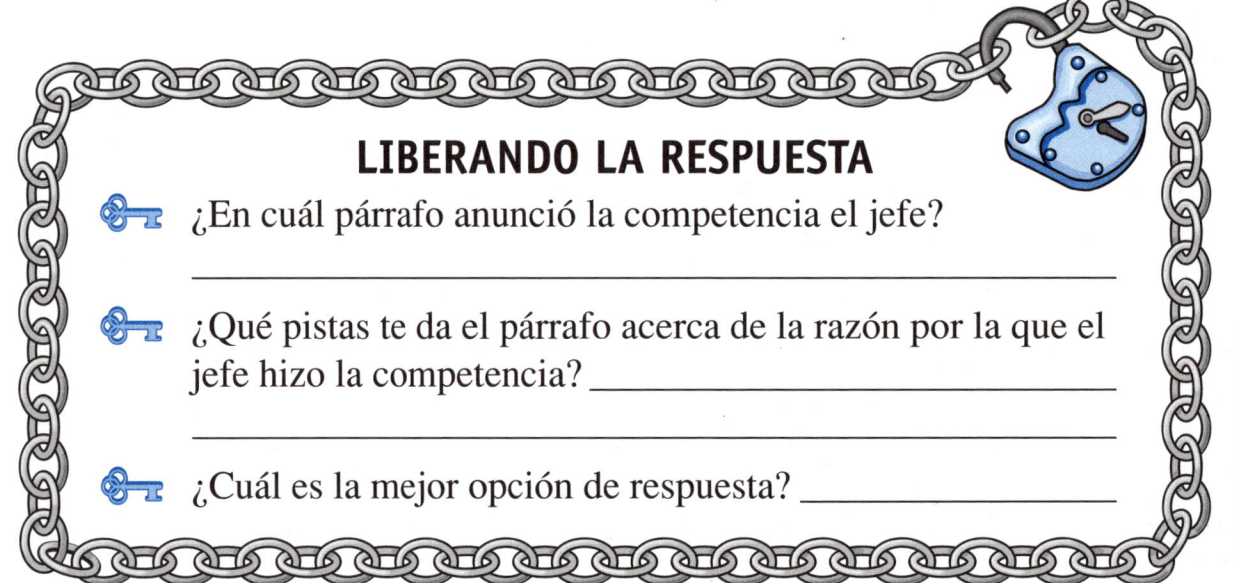

LIBERANDO LA RESPUESTA

🗝 ¿En cuál párrafo anunció la competencia el jefe?

_____

🗝 ¿Qué pistas te da el párrafo acerca de la razón por la que el jefe hizo la competencia? _____

_____

🗝 ¿Cuál es la mejor opción de respuesta? _____

PREGUNTAS ACERCA DEL ARGUMENTO DE UN CUENTO

Aquí están algunas sugerencias para ayudarte a responder preguntas acerca del argumento.

★ Cuando lees un cuento, identifica el problema central. Este se encuentra generalmente cerca del principio de la historia.

★ Mientras continuas leyendo, fíjate cómo cada evento en la historia ayuda a los personajes a resolver este problema.

★ Cuando te hacen una pregunta acerca del argumento, asegúrate de que entiendes lo que te están preguntando.

- Si la pregunta te pide identificar el problema principal de la historia, la respuesta correcta contendrá el problema central que los personajes están tratando de resolver.

- Si la pregunta es <u>por qué</u> un evento ocurre, o por qué es importante, piensa en la causa y efecto. ¿Qué causó que ocurriera el evento? ¿Cuáles son los efectos del evento? ¿Cómo ayudó este evento a que los personajes resolvieran el problema central?

- Si la pregunta es acerca del orden de los eventos en la lectura, enumera, enlista o haz un diagrama de esos eventos. Después compáralos con las opciones de respuesta.

INTÉNTALO

Ahora que sabes cómo responder preguntas acerca de los elementos de un cuento, lee la siguiente selección. Después responde las siguientes preguntas. Estas preguntas ponen a prueba lo que has aprendido en éste capítulo y los anteriores.

CARRIE ROSE ODIABA EL ROJO
por Susan Uhlig

1   Carrie Rose odiaba vestirse de rojo. Tampoco le gustaba el rosa brillante, el verde brillante, y el azul eléctrico. Carrie Rose pensaba que estos colores llamaban mucho la atención.. Y a Carrie Rose no le gustaba que la notáran. De hecho, se esforzaba para que no la notaran. Carrie Rose se sentaba en silencio. Coloreaba en silencio. Usaba zapatos silenciosos. Nunca levantaba la mano. Aún en el recreo Carrie estaba callada para que nadie la notara.

2   Pero Carrie Rose se fijaba en los otros. Ivy siempre se reía tímidamente. Juan levantaba la mano durante la hora de lectura. Emily perseguía a Juan durante el recreo. Carrie Rose se preguntaba si a ellos les importaba que los notaran.

3   El viernes su maestro sacó un perro de juguete de su escritorio. Le dio cuerda. El perrito movió la cola. Carrie Rose casi soltó una carcajada. "*Este es Crackers*", dijo el Sr. Warner. "*Él quiere ir a casa con un estudiante diferente cada fin de semana*".

4   *¡Oh! Ven a mi casa*, pensó Carrie Rose. *Eres tan lindo. ¡Le enseñaré a papá como mueves la cola!*

5   "¿Quién quiere llevarse a Crackers a su casa?" preguntó el maestro.

CONTINÚA

6   Los niños cerca de Carrie Rose levantaron la mano. Ella nunca había levantado la mano en clase. Levantó la mano desde sus piernas hasta el escritorio. ¿Podría levantarla más alto? Demasiado tarde. El Sr. Warner ya había escogido a alguien más.

7   Respondiendo a todas las tristes quejas, el Sr. Warner dijo, "No se preocupen. Todos tendrán su turno. Escogeré a alguien más el próximo viernes".

8   Todo el fin de semana Carrie Rose estuvo preocupada acerca de levantar la mano. Quizá necesitaba practicar. Quizá podría acostumbrarse a ello. Y entonces el viernes podría levantar la mano como los demás. El lunes levantó la mano unas cuantas pulgadas para ayudar con el calendario. ¡Escogieron a Alex!

9   Esa noche en su recamara, Carrie Rose practicó levantando la mano enfrente del espejo. Se sintió rara, pero pensó que quizá le ayudaría. El martes su mano se levantó hasta la mitad. El Sr. Warner escogió a Carrie Rose para que repartiera los papeles. Con manos temblorosas, Carrie Rose repartió los papeles. Algunos niños le dieron las gracias, otros simplemente tomaron el papel. Carrie Rose sonrió mientras regresaba a su asiento. Repartir los papeles fue divertido.

10   El miércoles Carrie Rose no levantó la mano a tiempo para dirigir el juramento a la bandera. El jueves levantó la mano rápidamente para ser la primera en la fila. Escogieron a Ivy. Carrie Rose suspiró. El viernes Carrie Rose estaba muy inquieta. ¿Podría levantar la mano a tiempo? ¿La escogería el maestro?

11   Finalmente, el Sr. Warner dijo, "¿Quién quiere llevarse a Crackers a su casa?" La mano de Carrie Rose se levantó a toda velocidad. Igual que las manos de todos los demás. Ella esperó. Y esperó. ¿Por qué tardaba tanto?

CONTINÚA

12   "Carrie Rose", dijo finalmente el Sr. Warner. Sonriendo, Carrie Rose caminó hasta el frente del salón y tomó cuidadosamente a Crackers.

13   "¡Vendrás a casa conmigo!" susurró ella. Carrie Rose todavía odia vestirse de rojo, y todavía usa zapatos silenciosos. Pero ahora a Carrie Rose le encanta ser voluntaria para todo tipo de cosas.

1. Lee la primera oración del siguiente resumen.

> **Resumen de "Carrie Rose odiaba el rojo"**
>
> Carrie Rose es una niña tímida a la que no le gusta ser notada. _____

¿Cuál de las siguientes opciones completa mejor el resumen anterior?

A   Ella practica levantando la mano en clase. Al principio no la escogen, pero después reparte los papeles. Sus manos tiemblan.

B   Colorea en silencio, usa zapatos silenciosos, y nunca levanta la mano en clase. Sin embargo, se da cuenta de que le encanta ser voluntaria.

C   No levanta la mano en clase aún cuando otros niños lo hacen. El Sr. Warner les permite a otros estudiantes llevarse al perro de juguete a su casa. Finalmente, le permite a Carrie Rose llevarse al perro de juguete a su casa también.

D   Su maestro le ofrece un perro de juguete a un estudiante cada fin de semana. Carrie Rose aprende a levantar la mano en clase para poder llevarse al perro de juguete a su casa. Se da cuenta de que le gusta ser voluntaria.

2. El salón del Sr. Warner es importante para el cuento porque —

- Ⓐ le da a Carrie Rose la oportunidad de eliminar su timidez.
- Ⓑ los estudiantes aprenden a leer y escribir ahí.
- Ⓒ a Carrie Rose le gusta repartir los papeles en la clase.
- Ⓓ Crackers necesita un lugar dónde vivir los fines de semana.

3. Al principio del cuento, Carrie Rose puede ser mejor descrita como —

- Ⓐ chistosa.
- Ⓑ popular.
- Ⓒ tímida.
- Ⓓ enojada.

4. En el párrafo 7, quejas son

- Ⓐ gritos de desilusión.
- Ⓑ sonrisas y aplausos.
- Ⓒ carcajadas.
- Ⓓ ovaciones y silbidos.

5. ¿Por qué le temblaban las manos a Carrie Rose cuando repartió los papeles en la clase?

- Ⓐ Estaba haciendo algo que los demás podrían notar.
- Ⓑ El Sr. Warner la vió con cara de enojado.
- Ⓒ Los otros niños se estaban burlando de ella.
- Ⓓ Los papeles se le estaban resbalando de las manos mientras caminaba.

6. ¿Cómo le afectó a Carrie Rose que el Sr. Warner les trajera a Crackers?

- Ⓐ Ella quería repartir papeles.
- Ⓑ Aprendió a levantar la mano en clase.
- Ⓒ Se esforzó más por pasar desapercibida.
- Ⓓ Aprendió que le gustaba vestirse de rojo.

7. Mira estas figuras de Carrie Rose.

Figura 1   **Figura 2**   **Figura 3**   **Figura 4**

¿Cuál muestra mejor cómo se siente Carrie Rose en el párrafo 13?

- **A** Figura 1
- **B** Figura 2
- **C** Figura 3
- **D** Figura 4

8. El problema central del cuento es que —

- **A** el Sr. Warner tiene que encontrar una casa para Crackers.
- **B** el Sr. Warner necesita más ayudantes en la clase.
- **C** Carrie Rose tiene que eliminar su timidez.
- **D** el Sr. Warner no escoge a Carrie Rose aún cuando ella levanta la mano.

9. ¿Cuál evento ocurre primero?

- **A** El Sr. Warner escoge a Carrie Rose para que se lleve a Crackers a su casa.
- **B** Carrie Rose reparte papeles en la clase.
- **C** Escogen a Alex para que ayude con el calendario.
- **D** Escogen a Ivy para ser la primera en la fila.

CAPÍTULO 8

PREGUNTAS ACERCA DE TEXTOS INFORMATIVOS

Como tú sabes, los **textos informativos** son acerca de gente, lugares, y cosas reales. El propósito de un texto informativo es informar al lector acerca de algo. En capítulos anteriores, aprendiste las características clave de textos informativos. Un texto informativo generalmente contiene la *idea principal* del tema del que se trata. El resto de la lectura provee ideas de apoyo y detalles.

También sabes muchos de los tipos de preguntas acerca de lecturas informativas que pueden aparecer en la **Prueba TAKS de Lectura de 3er Grado.** Estas preguntas incluyen:

★ De qué se trata la mayoría de la lectura

★ Preguntas de resumen

★ Preguntas de significado de palabras

En éste capítulo, aprenderás cómo responder otros cuatro tipos de preguntas acerca de textos informativos:

Preguntas de Secuencia

Preguntas de Hechos y Opiniones

Preguntas de Causa y Efecto

Tipos de Textos Informativos

SECUENCIA Y CAUSA Y EFECTO

Quizá te pregunten acerca del orden de los eventos descritos en un texto informativo. Quizá también te pidan identificar las causas o efectos de algo en la lectura. Las **preguntas de secuencia** y **preguntas de causa y efecto** son iguales en cuentos y en texto informativos. Para ambos tipos de lecturas, deberás:

★ **Primero,** leer la pregunta cuidadosamente para ver exactamente lo que te pide.

★ **Después,** repasar la lectura para identificar los eventos o relaciones de causa y efecto que te piden.

- Para una **pregunta de secuencia,** pon mucha atención al orden de los eventos. Para ayudarte a seguir la pista de los eventos, puedes enumerar cada evento, hacer una lista de los eventos, o hacer un diagrama (*como una línea cronológica*) de los eventos. Después responde la pregunta.

- Para una **pregunta de causa y efecto,** pon mucha atención a lo que *causó el evento,* o a los *efectos del evento.* La causa o el efecto de un evento es generalmente descrito en la historia justo *antes* o *después* del evento. Después responde la pregunta.

Vamos a practicar respondiendo *preguntas de secuencia* o *preguntas de causa y efecto* en un texto informativo. ¿Alguna vez te has subido a una Rueda Ferris (rueda de la fortuna) en un parque de diversiones? Lee el pasaje acerca de la Rueda Ferris en la siguiente página. Fue construida para la Feria Mundial de Chicago en 1893. Una feria mundial es como la feria estatal de Texas que ocurre cada año, excepto en que muchos países participan en ella.

Después de leer la selección, responde las preguntas que siguen.

RUEDAS EN SU CABEZA
por Diane ZuHone Shore

1   "¡Señoras y señores!" anunció el presidente de la Feria Mundial de Chicago de 1893. Presentó a George Ferris a la multitud de espectadores parados cerca de la gigantesca rueda. Después de darle las gracias a la multitud, Ferris y su esposa, el gobernador de Chicago, y otros invitados se subieron a la gigantesca rueda para su primer paseo.

2   La rueda giró gradualmente, levantando a sus ocupantes por encima de la feria. Ferris bajó la mirada para ver a la multitud observando con asombro su maravillosa invención. La mayoría de la gente no sabía que él había propuesto la idea al comité de la feria por primera vez hacía muy poco tiempo.

3   Había sido en un día fresco a principios del año 1892. El ingeniero de 33 años de edad originario de Pittsburgh había viajado a Chicago con sus dibujos. Ferris estaba listo para ofrecer su idea a los oficiales de la feria.

4   El inventor desenrolló cuidadosamente sus dibujos. En ellos se mostraba una gigantesca rueda sostenida por dos torres muy altas. Él decía que su invento era una rueda de observación. Parecía una rueda de bicicleta, pero ésta rueda medía 26 pisos de altura. Esto era cuatro pisos mas que el rascacielos más alto de Chicago, el edificio "Capitol", que era el edificio más alto del mundo en esa época.

5   Ferris había puesto en la rueda treinta y seis carros de madera grandes. Ferris explicó que cada carro tendría cuarenta sillas, con espacio extra para veinte personas de pie. Su rueda podría cargar a más de dos mil personas al mismo tiempo.

6   Si Chicago quería darle a los visitantes de su feria algo inolvidable, la rueda lo sería. Pero los oficiales de la feria se escandalizaron con la idea de Ferris. Nunca antes nadie había intentado construir algo tan grande como lo que Ferris estaba sugiriendo.

CONTINÚA

7   Ferris, un constructor de puentes, les dijo que había previsto cada riesgo posible. Los oficiales de la feria insistieron en que la gente tendría miedo de montarse en ella. Tenían miedo de que la rueda se doblara, o peor aún, de que se cayera. Desilusionado, Ferris se despidió y regresó a Pittsburgh, donde fundó la compañía de la Rueda Ferris.

La Rueda Ferris en la Feria Mundial de Chicago

8   Finalmente, al terminar la primavera de 1892, los oficiales de la feria aceptaron volver a considerar su idea. Después, en diciembre, con muy poco tiempo antes de que empezara la feria, los oficiales aprobaron el proyecto de Ferris. Él tenía menos de cinco meses para construir su máquina.

9   El audaz constructor empezó a trabajar de inmediato. Después de construir la base, los constructores trabajaban veinticuatro horas al día para terminar la gigantesca rueda de hierro antes de la fecha de apertura. Pero cuando se inauguró la Feria Mundial de Chicago el 1o de mayo de 1893, la Rueda Ferris aún estaba en construcción.

10   Después de un retraso de siete semanas, la Rueda Ferris estaba finalmente terminada. Ahora Ferris, su esposa, y sus seguidores se elevaron hacia el cielo para disfrutar de la vista. Después de una breve parada en la cima, la rueda los trajo a salvo de regreso a la tierra. Ferris se paró en la plataforma de madera, donde escuchó los fuertes aplausos. La Rueda Ferris había funcionado perfectamente. Continuó trabajando así por las diecinueve semanas restantes de la feria.

11   A pesar del retraso en su apertura, un millón y medio de clientes pagaron cincuenta centavos por un paseo de veinte minutos. Como un caballero dijo, "Nunca en mi vida había recibido tanto por cincuenta centavos".

CONTINÚA ▶

1. ¿Cuál evento ocurrió primero?

    A   Ferris se subió a la primera Rueda Ferris.

    B   Ferris fue a Chicago a mostrarles sus planes a los oficiales de la feria.

    C   Los oficiales de la feria rechazaron el primer plan de Ferris.

    D   Los visitantes disfrutaron montando la Rueda Ferris en la feria.

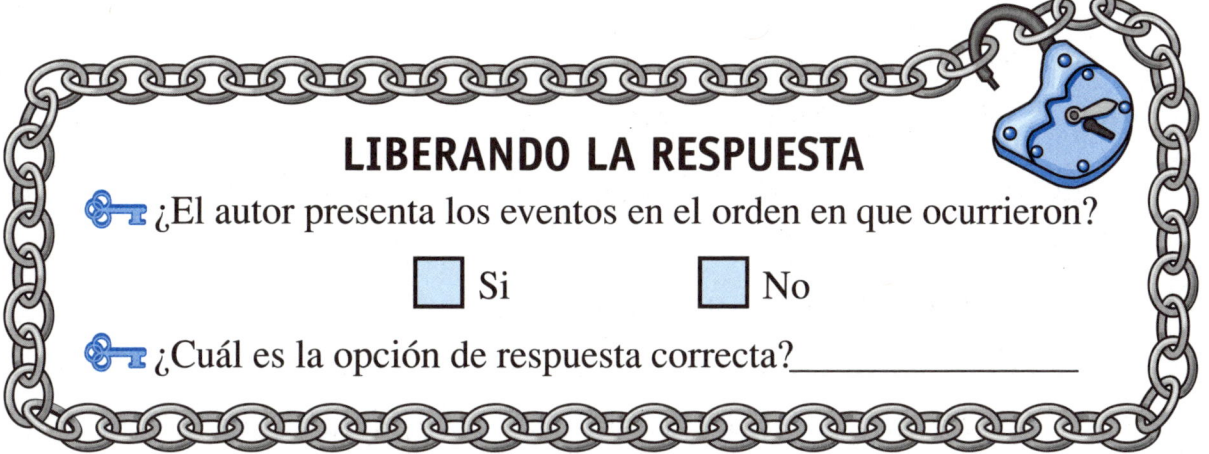

LIBERANDO LA RESPUESTA

¿El autor presenta los eventos en el orden en que ocurrieron?

☐ Si   ☐ No

¿Cuál es la opción de respuesta correcta?_____

Como puedes ver, el artículo comienza cuando Ferris se sube a la rueda (*párrafo 1*). Sin embargo, éste no fue el primer evento que ocurrió en realidad. El párrafo 3 retrocede en el tiempo hasta el día en que Ferris fue a Chicago para mostrar sus planes por primera vez.

A veces, como aquí, una selección no presenta todos los eventos en el orden en que ocurren. En esta selección, uno de los últimos eventos se menciona al principio. Por esta razón, antes de responder este tipo de pregunta generalmente es benéfico poner las opciones de respuesta en una línea cronológica o diagrama.

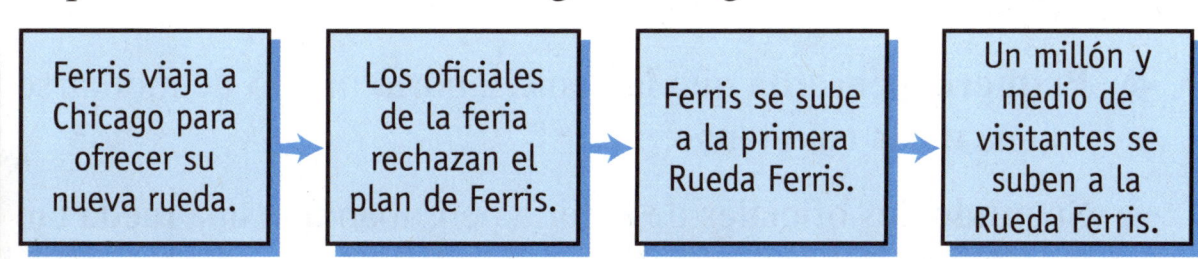

Ferris viaja a Chicago para ofrecer su nueva rueda. → Los oficiales de la feria rechazan el plan de Ferris. → Ferris se sube a la primera Rueda Ferris. → Un millón y medio de visitantes se suben a la Rueda Ferris.

Ahora tú trata de responder *preguntas de secuencia* acerca de la misma selección:

2. Después de que los oficiales de la feria aprobaron el plan, Ferris —

    (**A**) tenía menos de cinco meses para construir la rueda.

    (**B**) decidió abandonar el proyecto.

    (**C**) viajó a Chicago con los dibujos de su rueda.

    (**D**) hizo la rueda más pequeña.

Ahora, intenta *una pregunta de causa y efecto* que podría aparecer acerca de "Ruedas en su cabeza":

3. ¿Qué causó que los oficiales de la feria rechazaran el primer plan de Ferris?

    (**A**) Pensaron que Ferris era demasiado joven.

    (**B**) Tenían miedo de que la rueda se doblara y se cayera.

    (**C**) No querían construir una rueda más alta que el edificio más alto de Chicago.

    (**D**) Pensaron que los visitantes se aburrirían con el paseo.

Esta pregunta te pide encontrar la ***causa*** de algo. Tienes que encontrar ***por qué*** los oficiales de la feria rechazaron inicialmente la propuesta de Ferris para construir la gigantesca rueda. Para responder esta pregunta, repasa la lectura hasta que encuentres el lugar donde los oficiales de la feria discuten el plan de Ferris por primera vez. Esta información se encuentra en el párrafo 7, donde aprendimos que los oficiales de la feria tenían dos razones para rechazar el plan de Ferris:

⭐ **Primero,** pensaron que la gente tendría miedo de montarse en una rueda tan grande.

⭐ **Segundo,** los oficiales de la feria pensaban que una rueda tan grande podría doblarse o incluso caerse.

Un *diagrama de causa y efecto* que muestra estas razones podría verse así:

CAUSAS   **EFECTO**

| Los oficiales de la feria pensaron que la gente tendría miedo de montarse en la rueda. |
| Los oficiales de la feria tenían miedo de que la gigantesca rueda se doblara o se cayera. |

Los oficiales de la feria rechazaron el primer plan de Ferris.

Por lo tanto, la respuesta correcta es _____

Ahora, es tu turno. Aplica lo que has aprendido en esta pregunta de causa y efecto basada en la misma historia:

4. ¿Por qué Ferris no pudo terminar la rueda antes de la inauguración de la Feria Mundial de Chicago?

   (A)   No había suficiente hierro en Chicago para completar la rueda a tiempo.

   (B)   Los oficiales de la feria no querían construir una rueda tan grande porque pensaban que era muy peligroso.

   (C)   Ferris obtuvo permiso para construir la rueda pocos meses antes de que se inaugurara la feria.

   (D)   Los planes de Ferris tenían errores que necesitaban corregir antes de empezar a construir la rueda.

PREGUNTAS DE HECHOS Y OPINIONES

¿Conoces la diferencia entre un **hecho** y una **opinión**? Algunas preguntas acerca de textos informativos quizá te pidan identificar un hecho o una opinión.

En la **Prueba TAKS de Lectura de 3ᴱᴿ Grado,** las *preguntas de hechos y opiniones* solamente se harán acerca de selecciones en las que el autor quiere **_convencer_** al lector — como en el caso de una carta al editor o un anuncio de publicidad.

HECHO

Un **hecho** es una afirmación que puede ser comprobada como correcta o cierta. "La mesa es roja" es una afirmación de un hecho. La gente puede mirar la mesa para ver que es roja. Otros hechos pueden ser comprobados de otras maneras. Supón que alguien te dice que

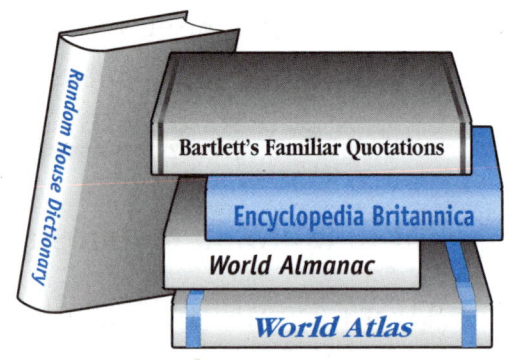

hubo un incendio ayer en 42 Maple Lane. Puedes buscar en el periódico, llamar a los bomberos, o incluso ir a Maple Lane.

OPINIÓN

Una **opinión** es una afirmación de sentimientos o creencias personales. Palabras como *pienso, siento, probablemente,* y *creo* frecuentemente muestran que la afirmación es una opinión: "Yo creo que George Washington fue nuestro mejor presidente". Nadie puede comprobar que

Washington fue nuestro mejor presidente. La afirmación solamente nos dice la creencia personal del escritor.

Los escritores a veces escriben afirmaciones que parecen hechos pero en realidad son opiniones. Por ejemplo, "Nuestro jabón limpia mejor" suena más convincente. Pregúntate al leer si esto puede ser comprobado, o si es una expresión de las creencias del escritor.

Ahora vamos a practicar respondiendo *preguntas de hechos y opiniones.* Primero, lee la siguiente carta dirigida al Director del Museo de Ciencias Naturales de Houston acerca de una posible exhibición en el museo.

Director, Museo de Ciencias Naturales
1 Hermann Circle
Houston, Texas

Estimado Director:
    Recientemente leí que el Museo de Ciencias Naturales está pensando en tener una exhibición especial acerca de Alfred Wegener. Les escribo para decirles que creo que sería una excelente idea.

    En 1911, Wegener estudió donde fósiles prehistóricos habían sido encontrados por todas partes del mundo. Hasta entonces, nadie había podido explicar por qué los fósiles de dinosaurios y caracoles habían sido encontrados en terrenos que estaban a miles de millas de distancia. La gente sabía que estos animales no podían nadar a través del océano. Wegener creía que todos los diferentes terrenos ahora separados por agua alguna vez habían pertenecido al mismo gigantesco terreno. Él pensó que los animales habían caminado a través de este gigantesco terreno antes de que éste se separara lentamente.

    Wegener encontró mucha información acerca de la localización de fósiles para demostrar que sus ideas eran correctas. Así, Wegener concluyó que alguna vez existió un sólo continente gigantesco. Él escribió que este continente gigantesco se separó lentamente para formar nuestros continentes actuales. La mayoría de los científicos ahora creen que Wegener tenía razón.

    Siendo el mejor científico de los últimos cien años, Wegener definitivamente merece tener una exhibición especial explicando su idea de que todos los terrenos del mundo alguna vez estuvieron unidos.

Sinceramente,
Cecil Jones

Ahora que has terminado de leer esta carta, responde la siguiente pregunta.

5. ¿Cuál de las siguientes es una opinión?

<blockquote>

(**A**)   La gente sabía que estos animales no podían nadar a través del océano.

(**B**)   El Museo de Ciencias Naturales tendrá una exhibición especial acerca de Alfred Wegener.

(**C**)   Hasta entonces, nadie había podido explicar por qué los fósiles de dinosaurios y caracoles habían sido encontrados a miles de millas de distancia.

(**D**)   Siendo el mejor científico de los últimos cien años, Wegener definitivamente merece una exhibición especial.

</blockquote>

LIBERANDO LA RESPUESTA

🗝 ¿Cuál de las opciones de respuesta puede ser comprobada para ver si es correcta o verdadera? _____

🗝 ¿Cuál de las opciones de respuesta expresa una creencia?

_____

🗝 ¿Cuál es la opción de respuesta correcta? _____

TIPOS DE TEXTOS INFORMATIVOS

En el Capítulo 3, aprendiste acerca de diferentes tipos de textos informativos. Estos incluyen periódicos y artículos de revistas, señales, listas, boletines informativos, y anuncios publicitarios. Algunas preguntas en la **Prueba TAKS de Lectura de 3ᵉʳ Grado** quizá te pidan reconocer las distintas características de estos diferentes tipos de lecturas.

Las preguntas acerca de textos informativos quizá sean acerca del ***propósito*** que tuvo el autor al escribir cualquiera de estos tipos de selecciones. (*Para repasar los diferentes tipos de textos informativos, ve las páginas 21 a la 23*).

Para responder preguntas acerca de las características especiales de textos informativos o del propósito del lector, sigue estos pasos:

★ **Primero,** identifica el ***tipo*** de texto informativo. Puedes ver lo que dice la selección y también buscar características especiales, como el nombre del periódico o el encabezado.

★ **Después,** lee la pregunta cuidadosamente. Asegúrate de entender lo que te pide.

- Si te pregunta acerca de una característica especial, como el nombre del periódico o el título del artículo, fíjate en el frente del artículo.
- Si te pregunta acerca del propósito del autor, piensa en la razón que tendria el autor para escribir ese tipo de texto informativo.

Vamos a practicar respondiendo preguntas acerca de las características especiales de un texto informativo. Lee el siguiente artículo.

The New York Times

Sección de Noticias Nacionales   *Sábado 11 de noviembre de 2004*

La hija del conserje alcanza nuevas alturas

por Jacques Steinberg

Dra. Ruth Simmons se movió silenciosamente a traves de la casa en Power Street. Esta era la casa oficial del presidente de la Universidad Brown, una de las universidades más famosas de América.

En cuanto cruzó la entrada de la casa del presidente, Ruth vió tres chimeneas. Esto la hizo pensar en la primera casa en la que vivió. Su primera casa había sido una choza de hojalata sobre bloques de cemento en una granja al Este de Texas. En esa granja, el papá de Ruth había trabajado como un humilde granjero y conserje para mantener a sus 12 hijos.

"Es difícil creer que uno puede llegar tan lejos en sólo una vida", dijo la Dra. Simmons. Ella se acababa de enterar de que recibiría las llaves de la casa en Power Street. "Estábamos un poco aturdidos pensando en eso".

Mirando por encima de la Universidad Brown de 236 años de antigüedad en Providence, Rhode Island, la Dra. Simmons tuvo muchos pensamientos. "Muchos de estos edificios fueron construidos a principios de la historia Americana", dijo la Dra. Simmons. "Estaba pensando dónde habrán estado mis ancestros cuando se fundó esta universidad. Me pregunto cómo habrán sido sus vidas".

La Dra. Simmons llegó a la cima del sistema educativo americano con una beca de 1,000 dólares para la Universidad Dillard en New Orleans. Después asistió a la Universidad Princeton y al Colegio Spellman. Recientemente fue presidente del Colegio Smith.

La Dra. Simmons y su familia enfrentaron verdadera pobreza creciendo en Texas. Su madre limpiaba casas. Su padre dejó de ser granjero para trabajar como conserje en una fábrica de mermelada en Houston. Ninguno de sus padres estudió más que el octavo grado. A pesar de estas limitaciones, ella nunca perdió de vista la importancia de obtener una buena educación.

En una reciente entrevista con reporteros, le preguntaron a la Dra. Simmons cuál lección podían aprender otros acerca de su logro de ser nombrada presidente de una importante universida

CONTINÚA

 Ella pensó en su respuesta por un momento. Después respondió: "Espero que los problemas y éxitos que he enfrentado en mi vida sirvan de ejemplo viviente para otras personas. Si trabajas con mucho esfuerzo y obtienes una buena educación, casi todo es posible".

6. ¿Cuál es el título de este artículo?

- Ⓐ *The New York Times*
- Ⓑ Sección de Noticias Nacionales
- Ⓒ La Hija del Conserje Alcanza Nuevas Alturas
- Ⓓ Jacques Steinberg

7. ¿Cuál es el nombre del periódico en el que apareció este artículo?

- Ⓐ *The New York Times*
- Ⓑ Sección de Noticias Nacionales
- Ⓒ La Hija del Conserje Alcanza Nuevas Alturas
- Ⓓ Jacques Steinberg

El nombre del periódico en donde apareció este artículo era *The New York Times*. El título del artículo era "La Hija del Conserje Alcanza Nuevas Alturas". *Jacques Steinberg* es el escritor. Sección de Noticias Nacionales identifica la sección donde apareció el artículo.

8. El autor probablemente escribió este artículo para —

- Ⓐ contarles a los lectores acerca de los logros de la Dra. Simmons.
- Ⓑ convencer a los lectores para que asistan a la Universidad Brown.
- Ⓒ enseñarles a los lectores cómo alcanzar una vida exitosa.
- Ⓓ abogar a favor de más programas de becas.

LIBERANDO LA RESPUESTA

🗝️ ¿Qué tipo de selección es esta?_____

🗝️ ¿Cuál es el propósito usual de un autor al escribir este tipo de selección? _____

🗝️ ¿Cuál es la opción de respuesta correcta? _____

Recuerda, el propósito de un artículo de periódico es *informar a los lectores acerca de un tema*. El tema de este artículo es el logro de la Dra. Simmons de convertirse en presidente de la Universidad Brown.

PREGUNTAS ACERCA DE TEXTOS INFORMATIVOS

Aquí están algunos consejos para ayudarte a responder a las preguntas informativas:

★ Frecuentemente puedes reconocer un texto informativo si lees su título, ves las fotos o miras cómo se ve. Fíjate si esto también te ayuda a reconocer de qué tipo de texto informativo se trata.

★ Cuando respondas <u>preguntas de secuencia</u>, repasa la lectura para ver dónde se menciona cada opción de respuesta. Haz una lista, enumera o haz una línea cronológica de estos eventos para ayudarte a recordar el orden que tienen.

★ Cuando respondas <u>preguntas de causa y efecto</u>, fíjate si la pregunta te pide una <u>causa</u> o un <u>efecto</u>. Después busca dónde se discute ese evento. Lee algunas líneas <u>antes</u> y <u>después</u> para obtener pistas.

★ Cuando respondas <u>preguntas de hechos y opiniones</u>, recuerda que un <u>hecho</u> puede ser comprobado. Una <u>opinión</u> es una afirmación de los sentimientos de alguien.

★ Cuando respondas una pregunta acerca del <u>propósito</u> del autor, piensa en porqué el escritor decidió escribir ese tipo de selección.

EJERCICIOS DE PRÁCTICA

Lee la siguiente selección acerca del sorprendente descubrimiento que hizo un grupo de jóvenes estudiantes. Después responde las preguntas que siguen.

SCHOLASTIC UPDATE

SECCIÓN DE CIENCIAS

Las famosas ranas sin patas

adaptación de Susan Hayes

1   En el verano de 1998, ocho estudiantes y su maestro fueron de excursión al bosque cerca de Henderson, Minnesota. La excursión era parte de su estudio de la naturaleza. Encontraron algunas ranas que tenían las patas torcidas. "Al principio, pensamos que las ranas se habían roto las patas", dijo uno de los estudiantes. "Después encontramos tres o cuatro ranas más a las que les faltaba una pata".

2   Los estudiantes fueron a buscar más ranas a una laguna cercana. "Mientras más nos acercábamos a la laguna, más problemas encontrábamos", dijo otro estudiante. Al final del día habían atrapado 22 ranas. La mitad de ellas tenía serios problemas.

3   El descubrimiento de las ranas sin patas preocupó a los científicos. Los científicos querían saber qué les había pasado a las ranas y si lo que les había pasado podría afectarnos a nosotros.

CONTINÚA ➡

4   Los estudiantes escribieron lo que habían encontrado y regresaron a la escuela con tres de las ranas que no tenían patas. Debido a la cantidad de ranas sin patas que encontraron, pensaron que la causa podría ser las sustancias químicas que se rocían en las tierras de cultivo de los alrededores. Llamaron al granjero que vivía cerca para averiguar que sustancias químicas había usado. Escribieron sus <u>interrogantes</u> en internet preguntando si alguien más había visto ranas similares. Su maestro llamó a la Agencia de Control de Contaminación de Minessota (*conocida como la A.C.C.M.*), una agencia estatal que protege al ambiente.

5   La A.C.C.M. decidió investigar el asunto. Lo que les pasa a las ranas es importante. Las ranas ayudan a advertirnos de cualquier nuevo problema con el ambiente. Porque la piel de las ranas es tan delgada, son fácilmente afectadas por venenos en el agua y el aire.

6   Los científicos de la A.C.C.M. les pidieron a los estudiantes que encontraran un lugar en donde no hubiera ninguna rana sin patas. "Debimos haber inspeccionado más de una docena de lagunas", dijo Cindy. "Habíamos encontrado 100 ranas normales, pero después regresamos y encontramos ranas sin patas, o con otros problemas".

7   Las noticias acerca del descubrimiento de los estudiantes se dispersaron. Empezaron a llegar reportes de otros estados y otros países donde se habían descubierto problemas similares. El misterio de las ranas se convirtió en un proyecto de ciencias en desar-

CONTINÚA

rollo dentro de la escuela. Los niños – que ahoran eran 12 – eran conocidos como el "Grupo Ranas". Una vez a la semana, analizaban el agua y enviaban sus resultados a la A.C.C.M.

8   Los miembros del grupo hablaron con oficiales estatales para recaudar dinero para un programa escolar dedicado a las ranas. Crearon su sitio especial en internet para las ranas. Incluso crearon una exhibición acerca de sus descubrimientos en el zoológico de Minnesota. También han aparecido en programas de televisión, incluyendo el Discovery Channel.

9   Hasta el día de hoy, los científicos todavía no han podido explicarse por qué las ranas no tienen patas. La A.C.C.M. cree que este problema pudo haber sido causado por algún tipo de contaminación en el agua. Otros científicos creen que la causa puede ser natural, como parásitos.*

10   "No estamos seguros de lo que lo está causando", dijo un miembro del "Grupo Ranas". "Nuestro trabajo es decirle a la gente lo que está pasando". "Quien sea que finalmente resuelva el problema, los estudiantes pueden tomar el crédito de haberlo encontrado".

*__parásito__ – un animal o planta que vive a costa de los nutrientes de otro animal o planta.

1. ¿De qué se trata principalmente este artículo?

 A de cómo aprenden los niños pequeños

 B por qué son importantes las ranas

 C el misterio de las ranas sin patas

 D la importancia del papel que desempeña la A.C.C.M.

2. ¿Cuál es el título del artículo?

   (A)   *Scholastic Update*

   (B)   Sección de Ciencias

   (C)   Las famosas ranas sin patas

   (D)   Susan Hayes

3. En el párrafo 4, la palabra <u>interrogantes</u> significa —

   (A)   preguntas

   (B)   citas

   (C)   comentarios inteligentes

   (D)   reportes

4. Mira estos dibujos de ranas.

Dibujo 1   **Dibujo 2**   **Dibujo 3**   **Dibujo 4**

¿Cuál es el que más se parece a las ranas descritas en el párrafo 1?

   (A)   Dibujo 1

   (B)   Dibujo 2

   (C)   Dibujo 3

   (D)   Dibujo 4

5. Después de que encontraron a las ranas con problemas, el maestro —

- (A) contactó a la A.C.C.M.
- (B) decidió que las sustancias químicas usadas por un granjero cercano eran responsables
- (C) decidió que este descubrimiento no era importante
- (D) les dijo a los estudiantes que se alejaran de la laguna

6. ¿Por qué se preocupó la A.C.C.M. por el descubrimiento de los estudiantes?

- (A) Los científicos alrededor del país estaban preocupados.
- (B) Las ranas ayudan a advertirnos de nuevos problemas con el ambiente.
- (C) Los estudiantes hablaron con un granjero cercano acerca de las sustancias químicas que él usaba.
- (D) Los estudiantes encontraron ranas normales en otras lagunas.

7. ¿Cuál de estos eventos ocurrió primero?

- (A) Los estudiantes le preguntaron al granjero acerca de los químicos que usaba.
- (B) Ocho estudiantes fueron de excursión al bosque para estudiar a la naturaleza.
- (C) Estudiantes del "Grupo Ranas" aparecieron en televisión.
- (D) Los estudiantes crearon una exhibición en el zoológico de Minnesota.

8. ¿Por qué se alarmaron los estudiantes durante su excursión por el bosque?

- (A) Descubrieron que todas las lagunas del estado estaban contaminadas.
- (B) La mayoría de las ranas que encontraron estaban muertas.
- (C) Encontraron muchas ranas sin patas.
- (D) Los científicos les advirtieron no ir al bosque.

9. Los párrafos 9 y 10 se tratan principalmente de —

    (A) cómo los estudiantes formaron el "Grupo Ranas"

    (B) el trabajo de la Agencia de Control de Contaminación de Minnesota

    (C) el rol de los parásitos como causantes del problema

    (D) el misterio que todavía envuelve al problema de las ranas

10. Lee la primera oración del siguiente resumen:

> ### Resumen de "Las famosas ranas sin patas"
>
> Los estudiantes encontraron ranas sin patas en estanques locales. _____
>
> _____
>
> _____
>
> _____

¿Cuál de las siguientes oraciones completa mejor el resumen anterior?

    (A) Los estudiantes estaban convencidos de que un granjero local era el responsable del problema. Descubrieron el nombre de las sustancias químicas que usaba.

    (B) Su maestro reportó sus descubrimientos a la A.C.C.M. Los estudiantes y otras personas trataron de encontrar la causa del problema con las ranas.

    (C) Su maestro llamó a la A.C.C.M. La A.C.C.M. es la agencia estatal que protege a la naturaleza.

    (D) Los estudiantes recolectaron un gran número de ranas y encontraron que a muchas les faltaban patas.

CAPÍTULO 9

MOSTRANDO INFORMACIÓN DE UNA LECTURA EN DIFERENTES FORMAS

En varios de los últimos capítulos, aprendiste acerca de diferentes tipos de preguntas de opción múltiple que pueden hacerte acerca de cuentos o de textos informativos.

En este capítulo, aprenderás acerca de preguntas que te piden mostrar la información de una lectura en diferentes formas. Por ejemplo, te podrían pedir que completaras:

> ★ un **mapa del tema** mostrando la relación entre la idea principal y los detalles de apoyo.
>
> ★ un **mapa de secuencia** anotando el orden de los eventos de una historia.
>
> ★ un **diagrama de Venn** comparando y contrastando características en una historia.

En este capítulo, aprenderás cómo responder preguntas de opción múltiple acerca de estos y otros tipos de organizadores gráficos.

Vamos a comenzar leyendo una historia. Después podemos ver qué tipo de preguntas te pueden hacer acerca de mostrar información de una lectura en diferentes formas.

EL REGALO ESPECIAL DE ROSALINDA
por Carla Mishek

1   ¡Oh, no! ¡Otro reporte tan pronto! Rosalinda apretó los ojos.

2   "Escriban acerca del regalo más raro que han recibido", acababa de decir la Srita. Grant.

3   Rosalinda se preguntaba de qué podía escribir esta vez. En ese momento, Miranda pasó cerca de ella y Rosalinda se acaloró de repente. La vez pasada, Rosalinda y ella escribieron reportes acerca de la misma cosa: churros – una fina repostería mexicana. El turno de Rosalinda fue inmediatamente después del de Miranda, lo que empeoró las cosas. Ella había deseado poder desaparecer, pero tenía que presentar su reporte.

4   "Mi reporte también es acerca de churros", susurró. ¡Algunos de los estudiantes la observaban como si le estuviera brotando apio de los oidos! Pero la peor parte fue encontrar una nota en su casillero. "COPIONA", decía la nota. Ella se dio cuenta de que era la letra de Miranda. Arrancó  la nota y la tiró antes de que alguien la viera. No quería que nadie pensara que era una copiona.

5   Rosalinda le contó a la Sra. Brenner lo que había pasado. La Sra. Brenner vivía al lado y era su vecina favorita. Rosalinda se sintió mejor al contarle su problema a esta amable anciana de pelo blanco.

6   "Estas cosas pasan", dijo la Sra. Brenner sonriéndole a Rosalinda. "Deberías decirle a Miranda cómo te sientes".

CONTINÚA ➡

7   Ella lo intentó al día siguiente. "Miranda, quiero que sepas que no copié tu reporte. Me siento horrible de que pienses que lo hice".

8   Miranda hizo un gesto. "Bueno, está bien, pero no vuelvas a presentar otro reporte como el mío".

9   ¿Cómo podría Rosalinda asegurarse de que su reporte sería diferente al de todos los demás? Cuando iba de regreso a su casa en el autobús, deseó que alguien le diera de regalo una mascota inusual. Pero los animales siempre hacían estornudar a su padre.

10   Cuando llegó a su casa, su madre le preguntó "¿Tuviste un buen día en la escuela?".

11   "Estuvo bien, pero necesito una idea para mi próximo reporte", Rosalinda frunció el ceño. Sintió su estómago endurecerse de la preocupación. Rechazó un plato de churros diciendo, "Gracias mamá, no tengo hambre".

12   "La Sra. Brenner llamó hace rato. Dijo que le gustaría verte", dijo mamá.

13   Ella fue a ver a la Sra. Brenner. La Sra. Brenner le dijo, "Rosie, vamos a sentarnos en la galeria para platicar. ¿Cómo te fue hoy en la escuela?"

14   La sonrisa de Rosalinda se cayó. "Tengo que escribir acerca de un regalo raro y no puedo pensar en uno".

15   "Yo voy a recibir un gato. Sé que a ti también te encantan los gatos. Quizá podamos ir a escoger uno juntas", dijo cálidamente la Sra. Brenner.

CONTINÚA →

16   "¡Guau! ¿De verdad va a adoptar un gato? ¿Puedo ayudar a cuidarlo también?", preguntó Rosalinda.

17   "¡Claro que sí!", respondió la Sra. Brenner. "Va a vivir conmigo pero puedes visitarlo cuando tú quieras. Ya hablé de esto con tus padres. Ellos piensan que es una buena idea".

18   La Sra. Brenner era una persona muy amable. Rosalinda antes pensaba que los amigos tenían que ser de la misma edad, pero ahora se dio cuenta de que pueden ser de cualquier edad. ¿Cuánta gente obtendría un gato y le permitiría a alguien más compartirlo? Eso era realmente raro.

19   Rosalinda se detuvo de pronto en la acera de camino a su casa. Quizá ésta era su oportunidad de presentar un reporte diferente al de todos los demás.

20   Pronto llegó el día de presentar los reportes. Hubo reportes acerca de trenes eléctricos, un cachorro, un collar de conchas de mar, y muchas otras cosas. El reporte de Miranda fue acerca de unos aretes con piedritas que parecían diamantes.

21   El turno de Rosalinda llegó al final. Sus rodillas temblaban como gelatina cuando caminó hacia el frente del salón. "Mi regalo más raro es una persona", dijo. Volteó a ver a sus compañeros. Miranda estaba con la boca abierta.

22   "Tengo una vecina muy amable. Es la Sra. Brenner. Ella es mi amiga. Es mucho mayor que yo. Nos gustan las mismas cosas, especialmente los gatos. Vamos a ir a escoger uno y lo vamos a cuidar juntas. Ella sabe hacer sonreir a la gente. Por eso decidí que la Sra. Brenner es mi regalo más raro".

23   Rosalinda caminó de regreso a su escritorio. Se sentía feliz y orgullosa. Sabía que su regalo era sorprendente y especial. Y ahora ella tenía una linda sorpresa para la Sra. Brenner, también.

Antes de ver nuevos tipos de preguntas, piensa acerca de los tipos de preguntas que ya has aprendido:

★ *¿Cuál es el escenario de la historia y por qué es importante?*

_____

_____

★ *¿Quiénes son los personajes principales y cómo son?*

_____

_____

★ *¿Cuál es el problema principal de la historia?*

_____

_____

MAPAS O REDES DEL TEMA

¿Sabes lo que es un mapa temático? Un **mapa** o **red del tema** es un diagrama en el que la idea principal de un tema se coloca en el centro y está rodeada por hechos y detalles de apoyo. Esto ayuda a describir una idea importante, un personaje, o un evento. La idea principal y los detalles de apoyo se pueden colocar dentro de círculos, óvalos, cuadros, o cualquier otra figura.

Una pregunta acerca de un mapa del tema generalmente te pedirá completar información acerca de un persojane, el escenario, o alguna otra parte de la historia. Por ejemplo, mira en la siguiente página la pregunta acerca de "El Regalo Especial de Rosalinda".

1. Mira el siguiente diagrama que muestra información del cuento.

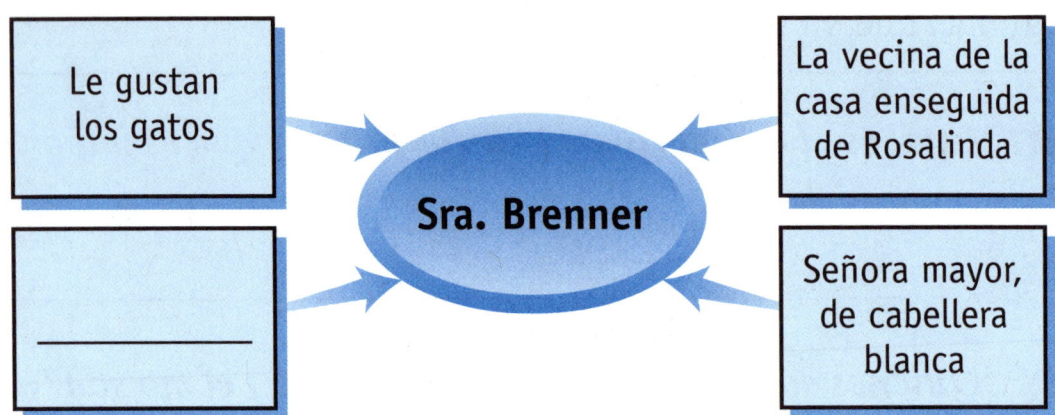

¿Cuál de las siguientes oraciones corresponde al espacio vacío?

- **A** Le da churros a Rosalinda
- **B** Maestra de Rosalinda en la escuela
- **C** Sabe hacer sonreir a la gente
- **D** Piensa que Rosalinda es una copiona

Esta es una pregunta acerca de un personaje en el cuento. Es diferente a otras preguntas en capítulos anteriores, porque ésta pregunta tiene una forma especial. Te dan tres cuadros con información acerca de la Sra. Brenner. Tu trabajo es encontrar cuál información acerca de la Sra. Brenner va en el cuadro vacío.

LIBERANDO LA RESPUESTA

🔑 Si no puedes recordar cómo es la Sra. Brenner, repasa la lectura para encontrar información acerca de ella. Subraya todas las oraciones en las opciones de respuesta que dan información acerca de la Sra. Brenner.

🔑 ¿Cuál opción provee información que describe a la Sra. Brenner y no está en los cuadros? _____

En el párrafo 22, encontrarás que la Sra. Brenner *sabe hacer sonreir a los demás*.

Ahora responde a otra *pregunta de mapa del tema* acerca de la misma lectura.

2. Mira el siguiente diagrama que muestra información de la lectura.

¿Cuál de las siguientes opciones corresponde a la línea en el cuadro?

- Ⓐ Churros
- Ⓑ Un gato de mascota
- Ⓒ La Sra. Brenner
- Ⓓ Un collar de conchas de mar

Esta pregunta es acerca de un cuento. También te pueden hacer *preguntas de mapas del tema* como ésta acerca de la idea principal y detalles de apoyo de un texto informativo. La idea central se coloca en el centro del mapa y los detalles de apoyo en círculos o cuadros alrededor de la idea central. Tú completas lo que falta.

MAPAS DE SECUENCIA

Un **mapa de secuencia** está compuesto por una serie de cuadros o círculos generalmente conectados por líneas o flechas. Cada cuadro o círculo describe un evento del argumento o de la lectura informativa. El mapa de secuencia se mueve de un evento al siguiente, y muestra cómo se relacionan estos eventos.

Una pregunta acerca de un mapa de secuencia te pedirá encontrar el evento que falta. Por ejemplo, repasa la siguiente pregunta acerca de la historia "El Regalo Especial de Rosalinda".

3. Mira el siguiente diagrama que muestra información del cuento.

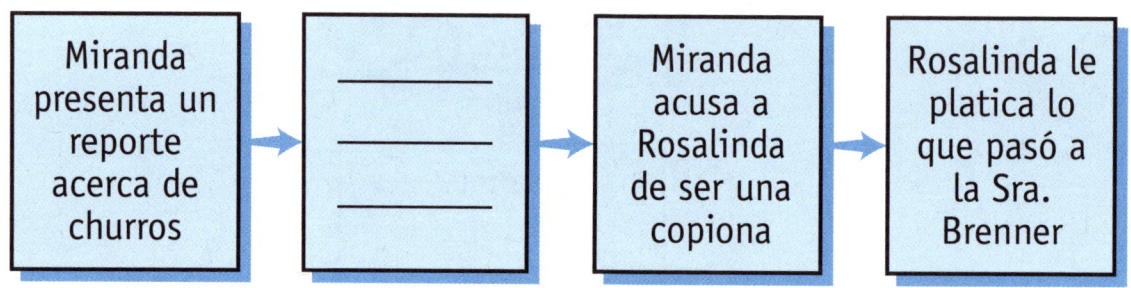

¿Cuál de las siguientes opciones completa el diagrama?

- (A) Rosalinda le ayuda a la Sra. Brenner en su huerta
- (B) A Rosalinda y a la Sra. Brenner les gustan los gatos
- (C) Miranda presenta un reporte acerca de sus aretes
- (D) Rosalinda presenta un reporte acerca de churros

Recuerda que una pregunta de un mapa de secuencia es como cualquier otra *pregunta de secuencia* acerca de un cuento o un texto informativo. Para responder este tipo de pregunta, repasa la lectura para asegurarte de que conoces los eventos principales del argumento de la historia o los principales eventos descritos en la lectura informativa. Después, lee la pregunta y examina los eventos que se muestran en el mapa de secuencia. Finalmente, debes decidir qué falta en el mapa de secuencia.

Para decidir cuál de las opciones de respuesta falta en el mapa de secuencia, sigue estos pasos:

★ Toma el evento que esta justo *antes* del espacio vacío en el mapa de secuencia. Encuentra este evento en la lectura y enciérralo en un círculo.

★ Luego toma el evento que está *después* del espacio vacío en el mapa de secuencia. Localiza este evento en la lectura y enciérralo en un círculo.

★ Vuelve a leer las oraciones que están entre los dos eventos que circulaste.

★ Una de las opciones de respuesta debe coincidir con uno de los eventos de la lectura que está entre los dos eventos que circulaste.

Recuerda que a veces los autores no presentan los eventos en el orden en que ocurrieron. Por ejemplo, un escritor puede comenzar un cuento con un evento especial. Después el autor puede regresar en el tiempo para mostrarle al lector de dónde proviene este evento. Toma en cuenta estas estrategias especiales cuando pongas en orden los eventos en un mapa de secuencia.

LIBERANDO LA RESPUESTA

Para responder la pregunta número 3 de la página 132, sigue estos pasos:

🗝 ¿En qué párrafo presenta Miranda un reporte acerca de churros? _____

🗝 ¿En qué párrafo Miranda acusa a Rosalinda de ser una copiona? _____

🗝 ¿Qué evento en la historia ocurrió en medio? _____

🗝 ¿Cuál es la mejor opción de respuesta? _____

Aquí, debes notar que después de que Miranda presenta su reporte acerca de churros, Rosalinda presenta un reporte acerca del mismo tema. Por lo tanto, la opción de respuesta correcta es **D.**

Ahora trata tú solo de resolver una *pregunta de mapa de secuencia* acerca de la misma historia.

4. Mira el diagrama que muestra detalles del cuento.

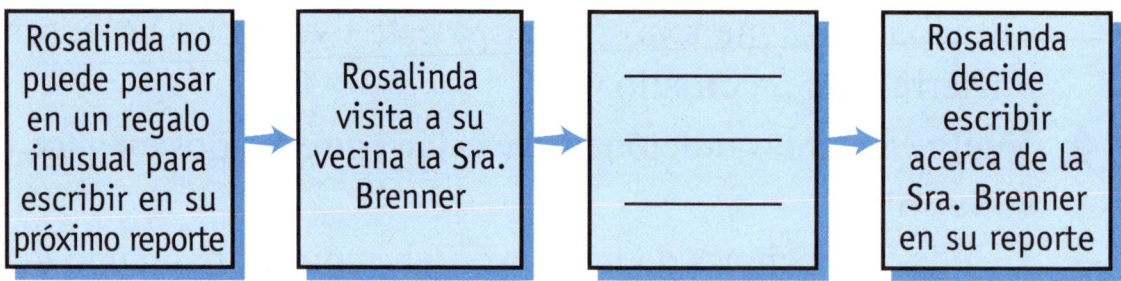

¿Cuál de las siguientes oraciones completa mejor el diagrama?

- Ⓐ Miranda acusa a Rosalinda de ser una copiona.
- Ⓑ Rosalinda le dice a Miranda que no es una copiona.
- Ⓒ Miranda presenta un reporte acerca de sus aretes.
- Ⓓ La Sra. Brenner le dice a Rosalinda que quiere tener un gato para compartirlo con ella.

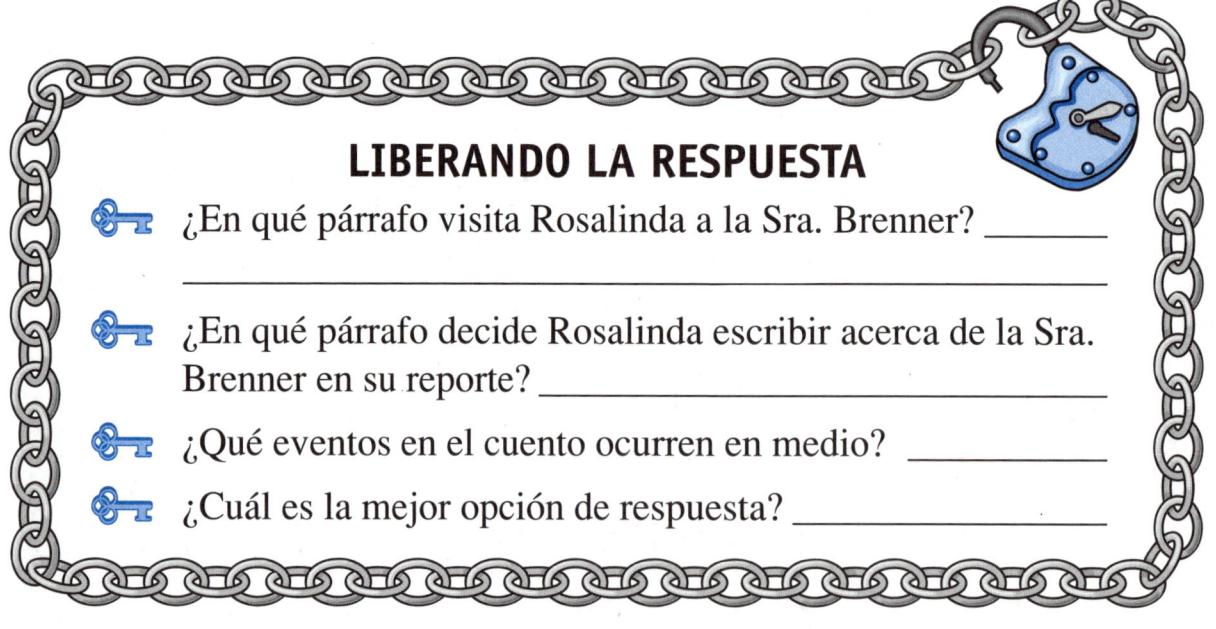

LIBERANDO LA RESPUESTA

🔑 ¿En qué párrafo visita Rosalinda a la Sra. Brenner? _____

_____

🔑 ¿En qué párrafo decide Rosalinda escribir acerca de la Sra. Brenner en su reporte? _____

🔑 ¿Qué eventos en el cuento ocurren en medio? _____

🔑 ¿Cuál es la mejor opción de respuesta? _____

MAPAS DE CUENTOS

Los **mapas de cuentos** proveen una forma especial de resumir un cuento. Estos combinan algunas características de una tabla y un mapa de secuencia. Hay muchos tipos de mapas de cuentos. La mayoría identifican el escenario, los personajes, y los eventos principales del cuento. Otro tipo de mapa de cuentos tiene un espacio especial para identificar el problema principal que enfrentan los personajes. Este tipo de mapa de cuentos enlista los eventos principales que ocurren mientras los personajes tratan de resolver el problema.

Las preguntas acerca de mapas de cuentos generalmente te piden completar un mapa de cuentos. La siguiente *pregunta es del mapa de cuentos* de Rosalinda.

5. Mira la siguiente tabla que muestra información de la historia.

Título: El Regalo Especial de Rosalinda

Escenario: El salón de Rosalinda, su casa, y la casa de su vecina

Personajes Principales: Rosalinda, Miranda, Sra. Brenner

Problema Principal: Rosalinda tiene que pensar en un regalo inusual para escribir su reporte. A ella le preocupa que su compañera Miranda piensa que es una copiona.

Eventos Principales:

1. Miranda pensó que Rosalinda era una copiona cuando las dos presentaron un reporte acerca de churros.

2. Rosalinda no podía pensar en un regalo inusual para escribir acerca de él en su próximo reporte.

3. La Sra. Brenner le ofrece a Rosalinda compartir su gato con ella.

4. _____

¿Cuál de las siguientes oraciones corresponde en la línea?

(A) Rosalinda presenta un reporte acerca de la Sra. Brenner.

(B) Rosalinda y Miranda presentan reportes acerca del mismo tema por segunda vez.

(C) La maestra piensa que el trabajo de Rosalinda es una copia.

(D) Rosalinda no pudo terminar su reporte.

Esta pregunta es como una *pregunta del mapa de secuencia* porque también le falta un evento para completar el diagrama. En esta pregunta, tres de las opciones de respuesta hablan de eventos que no ocurrieron. Estas opciones no son correctas.

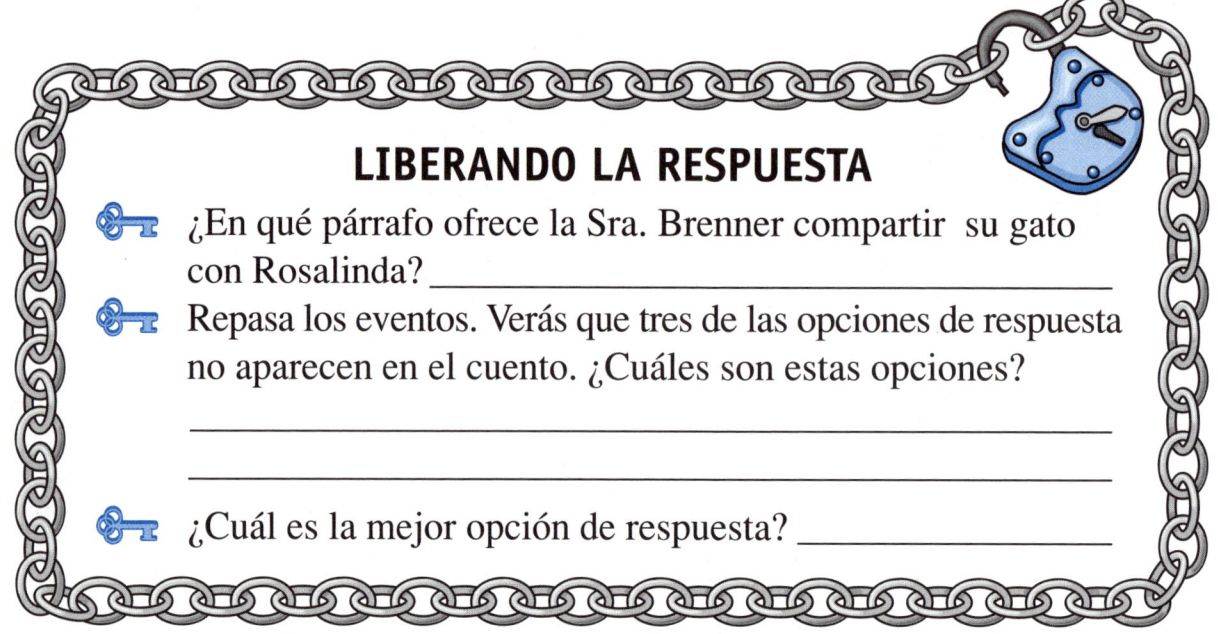

LIBERANDO LA RESPUESTA

¿En qué párrafo ofrece la Sra. Brenner compartir su gato con Rosalinda? _____

Repasa los eventos. Verás que tres de las opciones de respuesta no aparecen en el cuento. ¿Cuáles son estas opciones?

_____

_____

¿Cuál es la mejor opción de respuesta? _____

DIAGRAMAS DE VENN

Los **diagramas de Venn** comparan y contrastan gente o cosas. Estos pueden ser gente, lugares, eventos, u objetos específicos descritos en la lectura. Un área sobrepuesta en el centro del diagrama muestra lo que esas cosas tienen en común.

Las preguntas acerca de diagramas de Venn también te pedirán completar la información que falta en un diagrama. Vamos a ver cómo se presenta este tipo de pregunta.

6. Mira el diagrama que presenta información acerca del cuento.

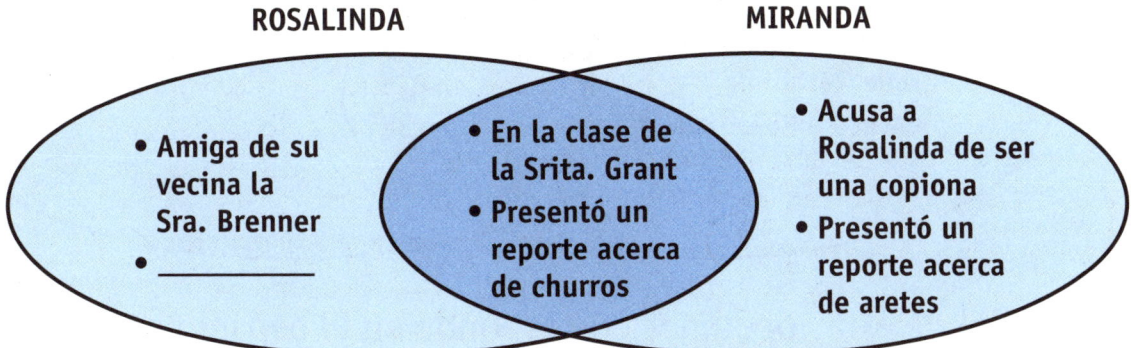

ROSALINDA   MIRANDA

- Amiga de su vecina la Sra. Brenner
- _____
- En la clase de la Srita. Grant
- Presentó un reporte acerca de churros
- Acusa a Rosalinda de ser una copiona
- Presentó un reporte acerca de aretes

¿Cuál de las siguientes opciones corresponde en la línea?

- Ⓐ Habla acerca de la Sra. Brenner en su segundo reporte
- Ⓑ Deja una nota que dice "Copiona" en un casillero
- Ⓒ No le gusta el sabor de los churros
- Ⓓ Presenta un reporte sobre trenes eléctricos

Para responder una pregunta de diagrama de Venn, deberás:

★ **Primero,** estudiar el diagrama. Recuerda, un área sobrepuesta en el centro muestra lo que las personas o cosas comparadas tienen en común. Lo que está en la otra parte de cada óvalo es diferente para cada persona o cosa.

★ **Después,** mirar qué información falta en el diagrama. Aquí la información que falta se refiere únicamente a Rosalinda.

★ **Finalmente,** repasar la lectura para encontrar la información que falta. Escoge la opción de respuesta que mejor describa esa información. A veces es bueno tachar con una "x" las opciones de respuesta que sabes que no son correctas.

Ahora tú trata de resolver una pregunta acerca de un diagrama de Venn.

7. Mira el diagrama que muestra información de la historia.

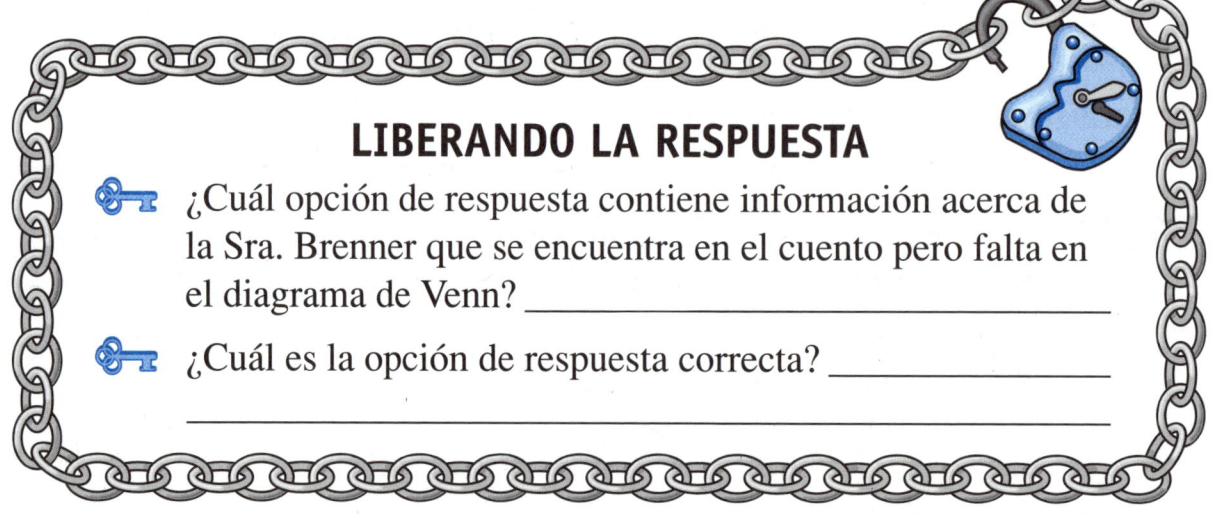

¿Cuál de estas opciones corresponde en el espacio vacío?

(A)   Vecina de Rosalinda

(B)   Acusa a Rosalinda de ser una copiona

(C)   Presenta un reporte acerca de churros

(D)   No le gustan los gatos

LIBERANDO LA RESPUESTA

🔑 ¿Cuál opción de respuesta contiene información acerca de la Sra. Brenner que se encuentra en el cuento pero falta en el diagrama de Venn? _____

🔑 ¿Cuál es la opción de respuesta correcta? _____

_____

TABLAS

Una **tabla** es cualquier dibujo que presenta información en forma gráfica. Puede ser una tabla, una gráfica, o un dibujo. Algunas preguntas del exámen te pueden pedir que completes una tabla.

Un tipo de tabla común es la que compara diferentes personas, lugares, o cosas que se encuentran en la lectura. Cada columna contiene información acerca de una de las cosas que se están comparando. Esto es muy similar a un diagrama de Venn, excepto en que aquí no hay áreas sobrepuestas.

Vamos a ver una pregunta típica acerca de este tipo de tabla.

8. Mira la tabla que compara dos personajes de la historia.

Sra. Brenner	Rosalinda
• Vecina de Rosalinda	• Estudiante de la clase de la Srta. Grant
• Mayor y con cabello blanco	• Amable con otras personas
• Amistosa y Amable	• _____

¿Cuál de las siguientes oraciones corresponde a la línea vacía en el espacio de la derecha?

- (A) Le gusta jugar con gatos
- (B) Misma edad que la Sra. Brenner
- (C) Primer reporte acerca de churros
- (D) Estornuda cuando está cerca de animales

Para responder esta pregunta, tienes que elegir la opción que describe correctamente a Rosalinda. Repasa el cuento para ver cómo es Rosalinda. Podrías subrayar o marcar de alguna manera cualquier información que describe a Rosalinda. Después fíjate en las opciones de respuesta para ver cuál describe mejor a Rosalinda. Toma en cuenta que algunas de las opciones incorrectas realmente describen a otros personajes en el cuento.

ESQUEMAS

Un **esquema** es como un esqueleto, porque muestra la estructura que sostiene a una lectura. Los esquemas muestran las ideas principales y detalles de una lectura y cómo están conectados. Al igual que los resumenes, no incluyen los detalles menos importantes. Generalmente se usan números romanos (I, II, III), letras (A, B, C) o números arábigos (1,2,3) para hacer un esquema.

Una *pregunta de esquema* provee un esquema incompleto y te pide encontrar la información que hace falta. Vamos a ver una *pregunta de esquema* basada en el cuento de Rosalinda que se encuentra en este capítulo.

9. Lee la sección del siguiente esquema

> ### El regalo especial de Rosalinda
>
> I. Los Personajes
>   A. Rosalinda
>   1. estudiante en la clase de la Srta. Grant
>   2. presentó un reporte acerca de la Sra. Brenner
>   B. Miranda
>   1. estudiante en la clase de la Srta. Grant
>   2. _____
>   C. Sra. Brenner
>   D. Srta. Grant

De acuerdo con el cuento, ¿cuál de las opciones corresponde en la línea vacía?

(A) presentó un reporte acerca de una persona

(B) habló acerca de un tren eléctrico

(C) presentó un reporte acerca de sus aretes

(D) habló acerca de su cachorro

El esquema identifica cuatro personajes principales de la historia. También contiene información adicional acerca de Rosalinda y Miranda. El primer punto para ambas es que están en la clase de la Srta. Grant. El segundo punto acerca de Rosalinda habla del segundo reporte que escribió. En la línea vacía abajo de Miranda quizá debas escribir algo similar – acerca de su segundo reporte.

Todas las opciones de respuesta se enfocan en los temas de los reportes de los estudiantes en la clase de la Srta. Grant. Para completar correctamente el esquema, necesitas saber cuál fue el tema del reporte de Miranda. Si no lo puedes recordar, repasa la lectura para encontrar la respuesta correcta.

Para responder una pregunta que te pide completar un esquema, deberás:

★ **Primero,** ver el esquema que es parte de la pregunta. Fíjate qué información falta en el diagrama. Fíjate en el encabezado de la sección donde está la línea vacía.

★ **Después,** repasar la lectura para encontrar detalles acerca de ese tema. Decide qué detalles hacen falta en el esquema.

★ **Finalmente,** repasar las opciones de respuesta. Escoge la que más se acerca a lo que piensas que falta en el esquema. Es bueno tachar con una "x" las opciones que ya sabes son incorrectas. Recuerda, la respuesta que escojas debe ser algo que se pueda conectar con el tema general del esquema.

Ahora tú trata de resolver una pregunta basada en un esquema:

10. Lee la sección del siguiente esquema.

> I. Rosalinda
>
>   A. ¿Cómo es?
>   1. Cariñosa
>   2. Le gustan los gatos
>   3. _____

Basado en la historia, ¿cuál de estas palabras corresponde en la línea vacía?

(A) Vanidosa

(B) Copiona

(C) Amigable

(D) No le gustan los churros

PREGUNTAS QUE TE PIDEN MOSTRAR INFORMACIÓN EN DIFERENTES FORMAS

Aquí tienes algunos consejos para ayudarte a responder preguntas.

★ Estos tipos de preguntas son muy similares a otros tipos de preguntas. La diferencia es que la información en la pregunta es presentada de diferente forma.

★ Primero, repasa cuidadosamente el organizador gráfico, tabla o esquema para ver qué información contiene. Luego, fíjate qué parte de la información falta.

★ Después, lee la pregunta y las opciones de respuesta. Fíjate si alguna de las opciones de respuesta te ayuda a recordar la información que necesitas para completar el organizador gráfico o tabla.

★ Finalmente, repasa la lectura para localizar información específica o trata de hacer memoria.

INTÉNTALO

Vamos a practicar respondiendo preguntas que te piden mostrar información de una lectura en diferentes formas. Primero, lee la siguiente selección. Después responde las preguntas que siguen.

Un Tipo Malo
por Samantha Bonar

1   Tenía cabeza como de león y cuerpo como de caimán. De diez pies de largo y colmillos de cuatro pulgadas, era el cazador más peligroso de su época.

2   El gorgón (abreviatura de *gorgonopsid*) vivió en la Tierra hace 250 millones de años en una época anterior a la de los dinosaurios. Los gorgones pertenecían a un grupo de animales llamados *therapsids*. Eran mitad mamíferos y mitad reptiles.

3   Habían tantos tipos de *therapsids* como habían de dinosaurios. Los gorgones fueron nombrados como unas criaturas mitológicas tan aterradoras que convertían en piedra a todos los que las miraban.

4   Los científicos dicen que los verdaderos gorgones no son un mito. Se han encontrado partes de esqueletos de gorgones en China, Rusia y Sudáfrica. En noviembre de 1998, los científicos encontraron en el desierto de Sudáfrica lo que al principio pensaron que era un esqueleto de gorgón completo. Después resultó ser el esqueleto de un reptil de nariz de pala.

CONTINÚA ➡

5   Según el Dr. Roger Smith, un científico en el sur de África, el comportamiento de un gorgón podría haber sido similar al de un gato grande. Los gorgones se agachaban y esperaban a su próxima víctima antes de saltarle encima. El gorgón atacaba a su víctima con sus dientes como de espada.

6   Junto con la mayoría de los seres vivos en la Tierra, los gorgones se extinguieron hace unos 250 millones de años. Los científicos no han podido explicarse qué provocó que desaparecieran los gorgones. Los científicos están muy interesados en responder esta pregunta. Si pudieran figurar por qué murieron los gorgones, eso quizá podría explicar por qué desaparecieron otras formas de vida. Tres posibilidades son erupciones volcánicas, terremotos, y falta de agua.

1. Lee la primera oración del siguiente resumen.

Resumen de "Un tipo malo"

Los gorgones fueron peligrosos agresores que existieron muchos años antes que los dinosaurios.

¿Cuál de las siguientes oraciones completa el resumen anterior?

(A) Los gorgones eran mitad mamífero y mitad reptil, y se comportaban como gatos grandes. Se extinguieron hace unos 250 millones de años.

(B) Medían diez pies de largo. Se extinguieron hace casi 250 millones de años.

(C) Eran una forma de therapsid. Se han encontrado partes de esqueletos de gorgones en China, Rusia, y Sudáfrica.

(D) Los científicos todavía están tratando de descifrar por qué los gorgones desaparecieron de la Tierra.

2. Mira el diagrama que muestra información de la lectura.

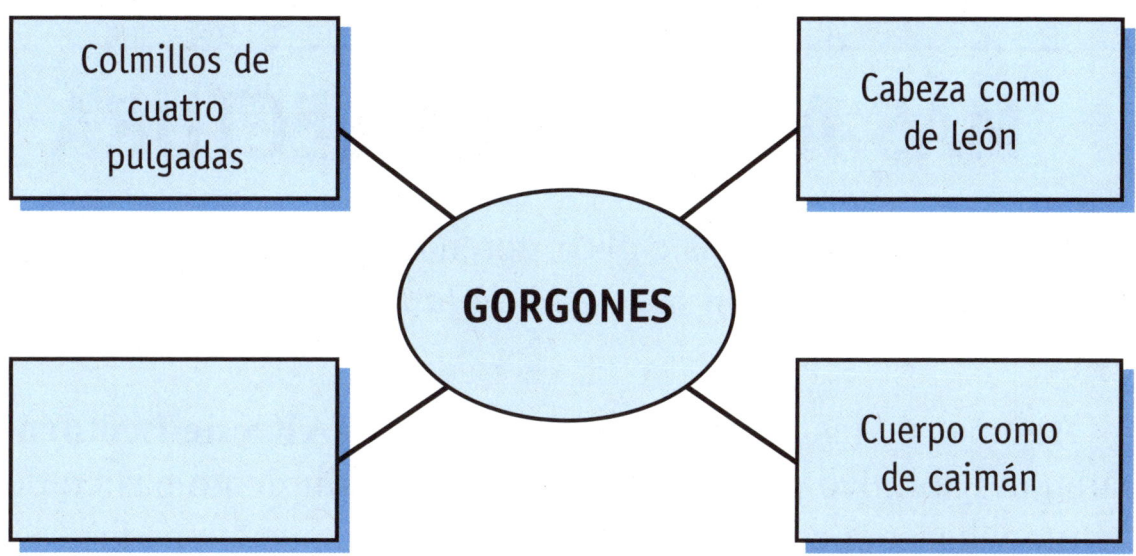

¿Cuál de las siguientes opciones completa mejor el diagrama?

- Ⓐ Se encontró un esqueleto entero en Sudáfrica
- Ⓑ Tenía nariz en forma de pala
- Ⓒ Dientes como de espada
- Ⓓ Se alimentaba principalmente de plantas

3. Mira el diagrama que muestra información de la lectura.

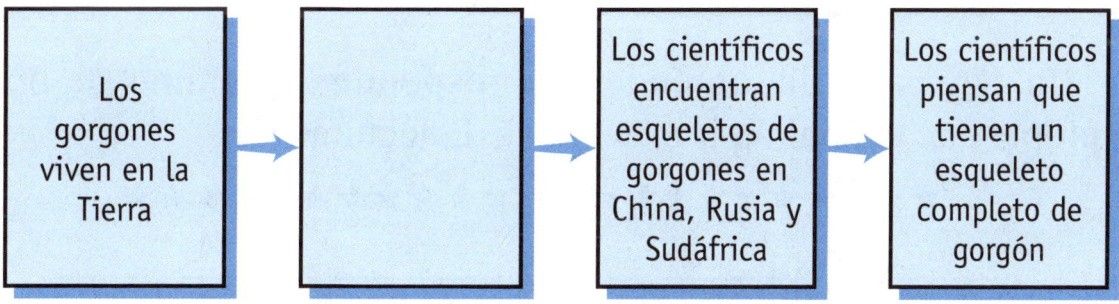

¿Cuál de las siguientes opciones completa mejor el diagrama?

- Ⓐ Los gorgones hacen desaparecer a los dinosaurios
- Ⓑ Los gorgones desaparecen de la Tierra
- Ⓒ Los que miran a los gorgones se convierten en piedra
- Ⓓ Los científicos descubren cómo desaparecieron los gorgones

CAPÍTULO 10

MÁS ALLÁ DE LA LECTURA

En el primer capítulo de este libro, aprendiste la importancia de ser un lector activo. Deberás ir *más allá de la lectura* conectando lo que lees con lo que sabes.

Algunas de las preguntas en la **Prueba TAKS de Lectura** probarán tu habilidad para ir más allá del entendimiento básico de una lectura y hacer conexiones. Estas preguntas te pueden pedir:

★ sacar conclusiones de lo que has leído;

★ predecir lo que podría pasar después;

★ decidir cuáles ideas o detalles son los más importantes en una lectura; y

★ apoyar con ejemplos o información específica diferentes ideas acerca de la lectura.

En este capítulo, aprenderás a responder preguntas de opción múltiple que te pedirán ir más allá de la lectura.

SACANDO CONCLUSIONES

Algunas preguntas en este exámen te pedirán **sacar conclusiones** de detalles en un cuento o texto informativo. Para responder este tipo de pregunta, necesitas ponerte tu "sombrero de pensar" y usar tu habilidad para razonar.

Las preguntas que te piden sacar conclusiones realmente ponen a trabajar tus habilidades del pensamiento. En estos tipos de preguntas, la respuesta **no** se encuentra directamente en la lectura. En lugar de eso, como un buen detective, necesitas mirar cuidadosamente las "pistas" en la lectura. Estos detalles o "pistas" te enseñarán la opción de respuesta correcta.

Para ver cómo funciona esto, imagínate que tienes un hermano mayor. Él y su amigo han estado jugando béisbol en la calle enfrente de tu casa. De pronto, suena el timbre. Abres la puerta y tu vecino de al lado está ahí. Él tiene una pelota de béisbol en su mano. Él dice que alguien acaba de romper el parabrisas de su carro.

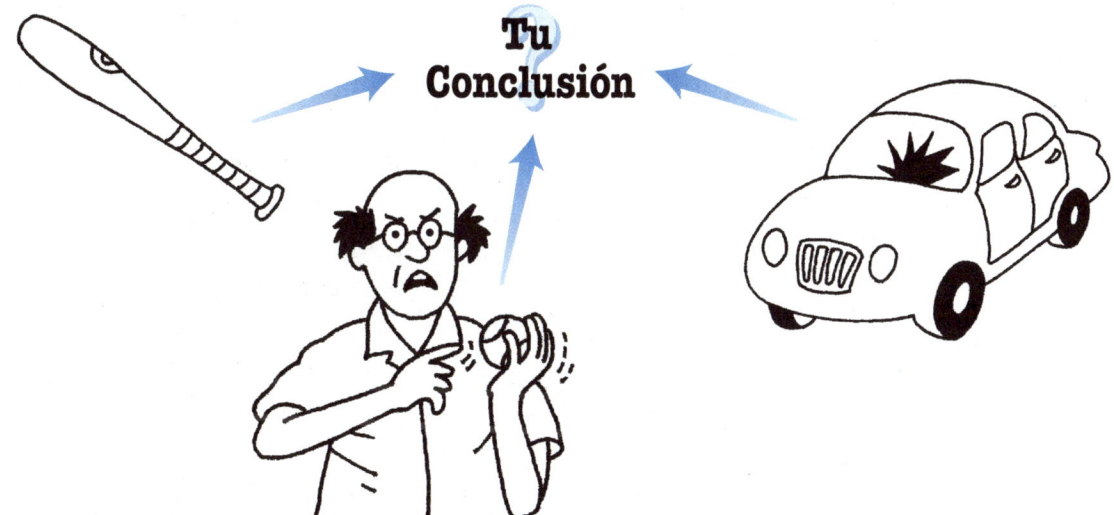

Como puedes ver, sacar una conclusión con esta información requiere que vayas más allá de lo que está escrito. Tienes que considerar los detalles en la lectura y ver hacia dónde apuntan. Nadie te dijo que tu hermano y su amigo rompieron el parabrisas del carro. Sin embargo, puedes adivinar que esto fue lo que pasó.

¿Qué puedes concluir de estos detalles? _____

_____

_____

Ahora lee la siguiente historia acerca de un cortador de bambú y su esposa. Después responde la pregunta que sigue.

LA NIÑA LUNA
Una Leyenda Japonesa

1 En el antigüo Japón, vivían un cortador de bambú y su esposa. A pesar de que se amaban mucho, una cosa los hacía tristes. El cortador de bambú y su esposa estaban tristes porque no tenían hijos. Cada mañana, la esposa se levantaba temprano y le rezaba al Monte Fujiyama, una montaña sagrada, para que le diera un niño.

2 Una mañana, la esposa del cortador de bambú levantó la cabeza y vió un brillante rayo de luz en lo alto de la montaña. El rayo de luz descendió desde la montaña y tocó el suelo a sus pies.

3 Ella despertó a su esposo con gran emoción. Le dijo que la montaña finalmente había respondido a sus rezos. "La montaña nos ha dado un niño como respuesta a mis rezos, querido esposo. Ve rápidamente a la montaña y trae al niño que está ahí esperando".

4 El cortador de bambú no le creyó a su esposa. Pero la amaba mucho. No quería lastimar los sentimientos de su esposa, entonces se vistió y fue hacia la montaña.

5 Cuando llegó al lugar de donde provenía el rayo de luz, estaba muy sorprendido al ver a una pequeña niña en un árbol de bambú. El cortador de bambú preguntó, "¿Quién eres tú?".

6 "Soy la Niña Luna", ella le dijo. "He sido enviada por mi madre, la Luna, para tu triste esposa. Por favor llévame a casa con ella".

CONTINÚA

7   El cortador de bambú bajó a la Niña Luna del árbol de bambú y la cargó hacia abajo del Monte Fujiyama. Después de un rato, el cortador de bambú regresó a casa con la Niña Luna. Su esposa estaba llena de alegría. La pequeña niña estaba feliz con sus nuevos padres. El cortador de bambú y su esposa se quedaron muy felices, también.

8   Conforme pasaron los años, la Niña Luna se convirtió en una hermosa joven. Siempre feliz, hacía sentirse igual a los que la rodeaban.

9   Un día, después de que la Niña Luna se había convertido en una joven mujer, dejó al cortador de bambú y a su esposa. La Niña Luna se fue para reunirse con su madre, la Luna, en el cielo.

1. De la información acerca de la Niña Luna, puedes concluir que —

- **A** La Niña Luna era una diosa
- **B** Después de convertirse en una joven mujer, la Niña Luna no se llevaba bien con sus nuevos padres
- **C** La Niña Luna tenía miedo del Monte Fujiyama
- **D** A la Niña Luna no le caía bien el cortador de bambú

Para responder esta pregunta, tienes que ver si hay información en la historia que respalda a alguna de las opciones de respuesta. Vamos a ver qué sabemos acerca de la Niña de la Luna por la historia:

★ La Niña Luna apareció de pronto como respuesta a los rezos de la esposa.

★ La niña le dijo al cortador de bambú que ella era la Niña Luna.

★ La Niña Luna se reunió con su madre, la Luna, al final del cuento.

Todos juntos, estos detalles acerca de la Niña Luna son pistas que apuntan solamente hacia una de las opciones de respuesta como conclusión. Un repaso de la historia muestra que no hay nada más que apunte hacia ninguna de las otras tres opciones. La mejor conclusión es que la Niña de la Luna debió haber sido algún tipo de diosa. La opción de respuesta **A** es correcta.

Ahora trata tú solo de resolver una *pregunta de conclusión*. Lee el siguiente pasaje. Después responde la pregunta que sigue.

EL GRANJERO Y SU GANSO

Había una vez, un granjero que tenía el ganso más maravilloso de todos. Cada día, el ganso ponía un hermoso huevo de oro para él. El granjero vendía cada huevo en el mercado. Pronto el granjero se volvió muy rico. Pero el granjero era impaciente con el ganso. El ganso solamente le daba un huevo al día. Él sintió que no se estaba volviendo rico lo suficientemente rápido.

Un día, al granjero se le ocurrió una idea para obtener todos los huevos de oro de una sola vez. Decidió cortar al ganso para sacarle todos los huevos. El granjero mató al pobre ganso. Pero cuando lo abrió, no había ni un solo huevo de oro adentro. Y ahora su precioso ganso estaba muerto.

2. ¿Qué concluirías acerca del granjero en este cuento?

    Ⓐ El granjero estaba mejor sin el ganso.

    Ⓑ El granjero todavía era muy pobre.

    Ⓒ Al granjero realmente le importaba el ganso.

    Ⓓ El granjero era muy avaro.

LIBERANDO LA RESPUESTA

🔑 ¿Cuál información en el cuento habla acerca del granjero?

_____

🔑 Basado en esta información, ¿cuáles opciones de respuesta no son ciertas? _____

🔑 ¿Cuál es la opción de respuesta correcta? _____

PREGUNTAS DE PREDICCIONES

¿No sería divertido predecir el futuro? Cuando lees, trata de predecir lo que pasará. Luego, fíjate si algunas de tus predicciones se cumplen. Aún cuando se acaba el cuento o texto informativo, puedes predecir lo que pasará después.

Las *preguntas de predicciones* prueban tu habilidad para aplicar lo que has aprendido de la lectura a nuevas situaciones. Las *preguntas de predicciones* pueden ser como:

¿Qué podría pasar después en la lectura?	¿Qué podría hacer en el futuro un personaje del cuento?

Para responder una *pregunta de predicciones,* deberás:

★ **Primero,** pensar en lo que has aprendido de la lectura.

★ **Después,** usar lo que has aprendido para predecir lo que podría pasar en una situación nueva o diferente.

★ **Finalmente,** escoger la respuesta que más se acerque a tu predicción.

Por ejemplo, podrías leer un cuento acerca de una mujer rica que es muy amable y generosa con su dinero. Una *pregunta de predicciones* podría preguntarte lo que pasaría si la mujer rica conociera a un extraño hambriento. Basado en la información de la lectura, podrías predecir que la mujer probablemente ayudaría al extraño hambriento dándole dinero.

Vamos a practicar respondiendo una *pregunta de predicciones*. Lee el siguiente pasaje. Después contesta la pregunta que sigue.

CAMPANEANDO AL GATO

Los ratones organizaron una junta para decidir cómo liberarse de su enemigo, el gato. Querían encontrar una forma de saber cuándo venía el gato para tener tiempo de escapar. Los ratones tenían tanto miedo del gato que casi no se atrevían a salir de sus guaridas, ni de día ni de noche.

Se discutieron muchos planes en la junta. Sin embargo, ninguno de ellos parecía ser suficientemente bueno. Finalmente un ratón joven, que estaba sentado al fondo del cuarto, se levantó. Él dijo, "Tengo una idea que parece muy simple. Yo sé que será un éxito. Solamente necesitamos colgar una campana alrededor del cuello del gato. Cuando escuchemos sonar la campana, sabremos que ahí viene el gato".

Todos los ratones estaban sorprendidos de que no habían pensado en una idea tan simple. En medio de su alegría un ratón viejo habló. "Estoy de acuerdo en que el plan del ratón joven al fondo del cuarto es muy bueno. Pero déjemne hacer sólo una pregunta: *¿Cuál de nosotros le pondrá la campana al gato?*"

3. ¿Qué pasará probablemente después de la junta?

> (A) El gato usará la campana en su cuello voluntariamente.
>
> (B) El ratón joven pondrá la campana en el cuello del gato.
>
> (C) El gato empezará a avisarles a los ratones cuando venga.
>
> (D) Ninguno de los ratones será tan valiente como para ponerle la campana al gato.

Aquí te preguntan qué pasará después. Los detalles del cuento apuntan hacia la respuesta correcta. Todos los ratones le tienen miedo al gato. El ratón joven tiene una idea maravillosa. Sin embargo, el ratón viejo pregunta, ¿quién le pondrá la campana al gato si todos le tienen miedo?

Ahora trata de responder una *pregunta de predicciones* tú solo.

EL GRAN INCENDIO DE 1871

En 1871, cerca de 300,000 personas vivían en Chicago. La mayoría vivía y trabajaba en edificios de madera. Las aceras y muchas calles estaban hechas de madera. El verano e invierno de 1871 fueron muy secos. No había llovido en meses. Los edificios secos hechos de madera, los almacenes de madera y las bodegas de granos estaban listos para incendiarse. Por la noche del domingo 8 de octubre, comenzó un incendio en el establo de la Sra. O'Leary, en el centro de la ciudad. Otros edificios de madera comenzaron a incendiarse rápidamente. El edificio de la bomba de agua también  se quemó, dejando sin agua al departamento de bomberos de Chicago. La ciudad se quemó durante dos días. Alrededor de 300 personas murieron. Más de 18,000 edificios fueron destruidos, y casi 100,000 personas se quedaron sin hogar.

4. ¿Qué hizo probablemente la gente de Chicago después del incendio de 1871?

(A) Reconstruyeron Chicago usando madera principalmente.

(B) Aprobaron leyes exigiendo que los edificios nuevos fueran a prueba de incendios.

(C) Clausuraron el departamento de bomberos de la ciudad.

(D) Se mudaron de Chicago a un lugar nuevo.

DECIDIENDO CUÁLES IDEAS SON LAS MÁS IMPORTANTES

Quizá algunas preguntas te pidan decidir cuáles son las ideas más importantes en una lectura.

CUENTOS	TEXTOS INFORMATIVOS
Para contestar este tipo de pregunta acerca de un cuento, identifica primero su problema central. Las ideas más importantes son aquellas que se necesitan para entender el problema central y cómo resolverlo. Las respuestas incorrectas te darán ideas o detalles que no cambiarían mucho el cuento si faltaran.	Para responder este tipo de pregunta acerca de un texto informativo, primero encuentra la *idea principal*. Las ideas importantes son aquellas que se necesitan para entender o apoyar la idea principal. Las respuestas incorrectas quizá te darán información que no necesitas para entender la idea pricipal.

Vamos a practicar respondiendo una pregunta que te pide decir cuáles son las ideas más importantes. La siguiente pregunta es acerca de la historia "Campaneando al Gato".

5. ¿Cuál es la idea más importante para el cuento?

(A) Se discutieron muchos planes en la junta de los ratones.

(B) El que tuvo la mejor idea fue un ratón muy joven.

(C) Todos los ratones tenían miedo del gato.

(D) La idea que propuso el ratón joven era muy simple.

LIBERANDO LA RESPUESTA

🔑 ¿Cuál es el problema central del cuento? _____

🔑 ¿Cuál de las cuatro opciones de respuesta se asocia mejor
con este problema central? _____

🔑 ¿Cuál es la mejor opción de respuesta? _____

IDEAS DE APOYO ACERCA DE UNA LECTURA CON EJEMPLOS ESPECIFICOS

Un último tipo de pregunta te pide respaldar una declaración acerca de una lectura usando ejemplos o información de la lectura. Esto pone a prueba tu habilidad para asociar declaraciones generales con detalles en la lectura.

Por ejemplo, mira la siguiente pregunta, basada en la historia "Niña Luna" (página 148). Primero repasa la lectura si no la recuerdas.

6. ¿Cuál oración del cuento muestra que la "Niña Luna" hacía felices a las otras personas?

    (A)   *"Soy la Niña Luna" , le dijo ella.*

    (B)   *El cortador de bambú bajó del árbol a la niña.*

    (C)   *Pasaron los años y la Niña Luna se convirtió en una hermosa joven.*

    (D)   *Siempre feliz, hacía felices a todos los que la rodeaban.*

El cuento nos dice que la Niña Luna siempre estaba feliz. Ella también podia "hacer sentirse igual a los que la rodeaban". Por lo tanto, la mejor opción de respuesta es **D**. Las otras opciones de respuesta **no** apoyan la idea de que ella hacía felices a otras personas.

Imagínate que eres un abogado en la corte. Tu le dices al jurado, "Damas y caballeros, la Niña Luna hacía sentirse felices a otras personas". Sin embargo, tu opinión no es suficiente para persuadir al jurado. Debes dar información de la historia para apoyar tu declaración.

Para responder una pregunta que te pide apoyar una declaración usando ejemplos o información de la lectura, sigue estos pasos:

★ **Primero,** lee la declaración en la pregunta. Asegúrate de que entiendes lo que dice. También puedes repasar las opciones de respuesta. ¿La pregunta te pide encontrar hechos, ejemplos, u oraciones en particular? Las oraciones en particular estarán en *letras itálicas*.

★ **Después,** repasa la lectura para ver dónde hay información en el cuento acerca de la declaración. Para responder la pregunta 7, tendrás que repasar "Niña Luna" hasta llegar al párrafo 8. Luego decide cuáles hechos, ejemplos, u oraciones apoyan la declaración en la pregunta.

★ **Finalmente,** regresa a las opciones de respuesta. Basado en la información que encontraste en la selección, ¿cuál opción de respuesta respalda mejor la declaración en la pregunta?

Ahora vamos a practicar respondiendo preguntas que te piden respaldar una declaración usando información específica. La pregunta en la siguiente página está basada en el cuento, "La Niña Luna."

7. ¿Cuál oración del cuento nos muestra que el cortador de bambú no creía que los rezos de su esposa habían sido respondidos?

- (A) *Él no quería herir los sentimientos de su esposa, entonces se vistió y fue hacia la montaña.*

- (B) *Cada mañana, la esposa se levantaba temprano y le rezaba al Monte Fujiyama, una montaña sagrada, para que le diera un niño.*

- (C) *"La montaña nos ha dado un niño como respuesta a mis rezos, querido esposo".*

- (D) *Ella despertó a su esposo con gran emoción.*

PREGUNTAS QUE VAN MÁS ALLÁ DE LA LECTURA

Aquí están algunos consejos para ayudarte a responder preguntas que van más allá del entendimiento básico de la lectura:

★ Para responder estos tipos de preguntas, necesitas aplicar tu propio razonamiento a la lectura para escoger la respuesta correcta.

★ Si la pregunta te pide <u>sacar conclusiones</u> acerca de una parte específica de la lectura, vuelve a leer esa sección de la lectura. Después escoge la conclusión a la cual crees que apuntan los detalles.

★ Si la lectura te pide <u>hacer una predicción</u>, piensa en lo que podría pasar después. Esto se basará en la forma en que los personajes o la gente en la selección se han comportado antes.

★ Si la pregunta te pide escoger las <u>ideas más importantes</u>, escoge la respuesta que mejor se relaciona con la idea principal o el problema principal del cuento.

★ Para <u>apoyar con ejemplos específicos a la lectura</u>, escoge la opción de respuesta que explica o comprueba mejor la declaración en la pregunta.

Unidad 3: Una Prueba Final de Práctica

 Capítulo 11: Una Prueba Práctica de TAKS de Lectura de 3er Grado

En esta sección final, tendrás la oportunidad de practicar tus habilidades para ver cuánto has aprendido. Este exámen de práctica está diseñado para ser igual que la **Prueba TAKS de Lectura de 3er Grado.** Este exámen final de práctica muestra el objetivo que pone a prueba cada pregunta. Compara tus resultados de este exámen con las de la prueba preliminar para ver cuánto has mejorado. Esto les ayudará a tu maestro y a tí a identificar cualquier tipo de preguntas en las que podrías necesitar práctica adicional para responder. Puedes repasar las selecciones y preguntas durante el exámen todas las veces que quieras. Si terminas temprano el exámen, deberías checar tus respuestas. ¡Buena suerte en este exámen final de práctica!

EL TURNO DE TASHIRA
editado por William J. Bennett

1   Un día durante el receso Tashira encontró a su madre en el jardín de la escuela con una cubeta de agua y jabón. Estaba lavando una pared donde alguien había escrito malas palabras y dibujado cosas feas. "¡Mamá!" dijo Tashira. "¿Qué estás haciendo?"

2   "Estoy ayudando a tus maestros a mantener limpia la escuela", dijo su madre. Cuando Tashira preguntó si era un trabajo difícil, su madre dijo, "No es nada, simplemente es mi turno de ayudar".

3   La campana de la escuela sonó. La mamá de Tashira siguió lavando la pared. Todas las malas palabras y los dibujos se fueron al suelo, en donde se convirtieron en <u>charcos de oro y plata.</u>

4   Al día siguiente, Tashira iba caminando cerca del centro social, cuando escuchó voces en el cielo. ¡Ella miró hacia arriba y vió a su maestra en el techo! "Hola Sra. Jenkins" dijo Tashira. "¿Qué está haciendo allá arriba?".

5   "Estamos ayudando al Sr. Wilburn", <u>proclamó</u> su maestra. "El edificio necesita una nueva capa de pintura".

6   "Usted es muy valiente por subir tan alto", gritó Tashira.

7   "No es tan alto", dijo su maestra. "Además es nuestro turno de ayudar".

8   A la mañana siguiente, Tashira estaba brincando la cuerda cuando vió al Sr. Wilburn con una canasta bajo el brazo.

CONTINÚA

9   "Hola Sr. Wilburn", dijo ella. "¿A dónde va con esa canasta tan grande?".

10   "Les llevo la cena al oficial Hamlette y su familia". El Sr. Wilburn sonrió. "La Sra. Hamlette acaba de tener un bebé. Todos en el vecindario estamos tomando turnos para llevarle una comida". Levantó la cubierta de la canasta para que Tashira pudiera ver adentro.

11   "Es muy amable de su parte haber cocinado un pavo tan jugoso", dijo ella.

12   "Oh, es simplemente mi turno de ayudar, eso es todo". Dijo el Sr. Wilburn.

13   Al día siguiente Tashira fue al parque. Los columpios no se movían porque una pandilla de niños estaba asustando a los niños pequeños. En ese momento llegó el oficial Hamlette. Los niños malos se fueron corriendo cuando lo vieron. El oficial Hamlette se quedó parado en la esquina viéndolos irse corriendo. Al poco tiempo, todos los niños pequeños salieron a jugar.

14   "Gracias, oficial Hamlette", dijo Tashira. "Los niños pequeños tenían miedo de jugar hasta que usted llegó".

15   "Oh, no es nada", sonrió el oficial Hamlette. "Es simplemente mi turno de ayudar, eso es todo".

16   A la mañana siguiente, Tashira estaba montando su bicicleta cuando escuchó una voz llorando. Ella buscó y vió humo saliendo de una ventana abierta. "Alguien necesita ayuda", pensó ella. Ella bajó de su bicicleta y corrió hasta la ventana. El humo le picaba los ojos, y ella quería voltearse hacia otro

CONTINÚA

lado, pero <u>vislumbró</u> a un niño pequeño que estaba adentro llorando y llamando a su mamá.

17 "Yo te llevaré con ella", le dijo Tashira. Ella se estiró através de la ventana y lo sacó. "Keisha todavía está en la casa", gritó él. Tashira miró através de la ventana, pero el humo era tan denso que no pudo ver nada adentro.

18 "Espera aquí", gritó ella. "Necesitamos más ayuda". Tashira corrió por la calle. Un momento después, ella estaba otra vez con el oficial Hamlette. Él desapareció en el humo. Tashira esperaba y esperaba. Ya hacía mucho tiempo que él se había ido. Cuando finalmente salió de la casa él traía a una pequeña niña en sus brazos. Ahora los camiones de bomberos venían con sus sirenas sonando por las calles. Los bomberos entraron corriendo a la casa cargando largas mangueras.

19 La madre de los niños llegó corriendo. "¡Oh, mis bebés!", gritó ella.

20 El Sr. Wilburn llegó corriendo. "¡Tashira, eres un héroe!", gritó él. Después la maestra de Tashira llegó corriendo. "¡Ella es un héroe!", gritó ella. "¡Tashira es un héroe!".

21 Una gran multitud se reunió alrededor. Incluso la madre de Tashira estaba ahí para darle un abrazo, también. "¡Eres un héroe Tashira!" gritaron todos.

22 Tashira solamente sacudió la cabeza y sonrió. "No soy un héroe", dijo ella. "Es simplemente mi turno de ayudar, eso es todo". Pero todos dijeron que ella era un héroe, todos decían lo mismo.

1. Lee la primera oración del siguiente resumen.

Resumen de "El turno de Tashira"

Tashira ve a la gente de su comunidad ayudándose unos a otros. _____

_____

_____

_____

¿Cuál de las siguientes opciones completa mejor el resumen?

A Ella saca a un niño de una casa que se estaba incendiando y consigue ayuda para salvar a la hermana del niño. Tashira se convierte en un héroe, pero dice que era simplemente su turno de ayudar.

B Su mamá lava la pared de la escuela, su maestra pinta el centro social, y el Sr. Wilburn le lleva comida a la familia del oficial de policía.

C Cuando ella ayuda también , se convierte en un héroe. Tashira dice que no es un héroe. Simplemente era su turno de ayudar.

D Ella ve una casa incendiándose y llama al oficial Hamlette para que salve a Keisha. El departamento de bomberos llega y extingue el incendio.

Objetivo 1

2. ¿Qué quiere decir el autor con <u>charcos de oro y plata</u> en el párrafo 3?

A El agua en los charcos brillaba como oro y plata.

B Los charcos tenían adentro dos metales caros, oro y plata.

C La mamá de Tashira estaba lavando las paredes con un trapo de color oro y plata.

D Los charcos eran muy valiosos.

Objetivo 1

3. Lee los siguientes significados de la palabra <u>proclamar</u>.

> **proclamar** (pro-cla-mar), *verbo*
> **1.** anunciar en voz alta. **2.** elogiar. **3.** dejar algo claro. **4.** declarar algo oficialmente.

¿Cuál significado describe mejor la forma en que la palabra **<u>proclamó</u>** es usada en el párrafo 5?

Objetivo 1

- (A) Significado 1
- (B) Significado 2
- (C) Significado 3
- (D) Significado 4

4. ¿Por qué decide ayudar la Sra. Jenkins al Sr. Wilburn?

Objetivo 1

- (A) Ella le debe un favor.
- (B) El Sr. Wilburn tiene miedo de subir tan alto.
- (C) Es su turno de ayudar.
- (D) Ella necesita ganar dinero extra los fines de semana.

5. En el párrafo 16, la palabra <u>vislumbró</u> significa —

Objetivo 1

- (A) vió brevemente
- (B) miró por mucho tiempo
- (C) escuchó
- (D) imaginó

6. ¿Por qué lleva comida el Sr. Wilburn al oficial Hamlette y su familia?

- (A) El centro social les proporciona comida a los pobres.
- (B) El oficial Hamlette está demasiado ocupado para alimentar a su familia.

Objetivo 2

- (C) La Sra. Hamlette acaba de tener un bebé.
- (D) El oficial Hamlette se lastimó en un incendio.

7. Lee la siguiente tabla. Ahí se muestra el orden en que ocurrieron algunos eventos en el cuento.

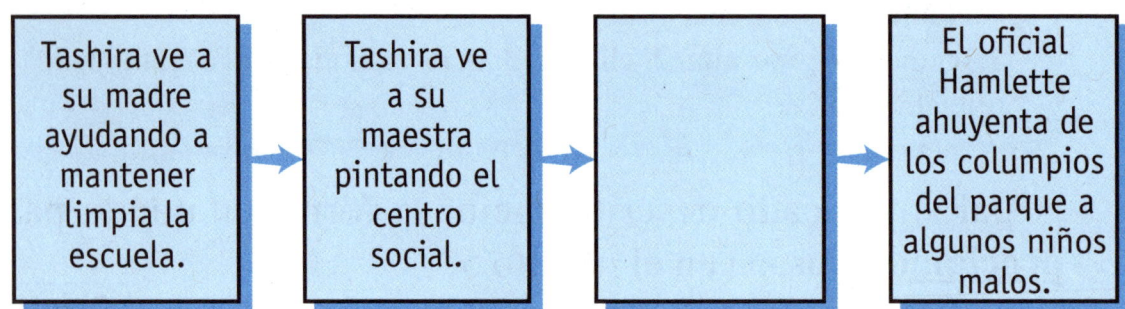

| Tashira ve a su madre ayudando a mantener limpia la escuela. | Tashira ve a su maestra pintando el centro social. | | El oficial Hamlette ahuyenta de los columpios del parque a algunos niños malos. |

¿Cuál de estas oraciones pertenece en la línea vacía?

- (A) Tashira salva a un niño pequeño de su casa que se estaba incendiando.   **Objetivo 3**
- (B) El Sr. Wilburn le lleva comida a la familia del oficial Hamlette.
- (C) Todos dicen que Tashira es un héroe de verdad.
- (D) El oficial Hamlette salva a Keisha.

8. ¿Cuál de las siguientes palabras describe mejor a la gente en la comunidad de Tashira?   **Objetivo 2**

- (A) rica
- (B) infeliz
- (C) servicial
- (D) egoísta

9. ¿Por qué Tashira arriesgó su seguridad metiéndose por la ventana de un edificio que se estaba incendiando?

- (A) Ella quería ayudar al niño que estaba gritando.
- (B) Ella quería convetirse en un héroe de la comunidad.
- (C) Su familia cercana vivía en la casa.
- (D) El oficial Hamlette le estaba diciendo qué hacer.   **Objetivo 2**

CAPÍTULO 11: UNA PRÁCTICA TAKS DE LECTURA DE 3er GRADO

10. El oficial Hamlette y Tashira son similares en que los dos —

Objetivo 2

- Ⓐ juegan en el parque
- Ⓑ son valientes y ayudan a los demás
- Ⓒ les gusta comer pavo.
- Ⓓ ayudaron a pintar el centro social

11. La gente de la comunidad le llamaba héroe a Tashira porque —

- Ⓐ pasó al lado del oficial Hamlette empujándolo para salvar al bebé

Objetivo 4

- Ⓑ ayudó a la mayoría de los personajes en el cuento
- Ⓒ ayudó a salvar las vidas de dos niños
- Ⓓ encontró una casa que se estaba incendiando

12. Esta historia fue escrita principalmente para mostrar —

- Ⓐ que los niños no deben jugar con cerillos

Objetivo 4

- Ⓑ que las personas jóvenes y los adultos con frecuencia pueden ser amigos
- Ⓒ el peligro de dejar a los niños solos en la casa
- Ⓓ la importancia de ayudar a otra gente

UNA VECINA POCAS VECES VISTA
por Donna Bergman

1 El cielo sobre la ciudad se obscurece a un azul de medianoche. Fuera de una sombra en la orilla de la acera se asoma una lustrosa zorra roja. Su cola de punta blanca flota por detrás mientras ella se mueve hacia un charco de luz que proviene de una lámpara en la calle. Es una zorra de la ciudad.

2 Ella se detiene, como tratando de decidirse. Después de un momento, se mueve hacia la calle y dobla en una casa con una ancha acera frontal. Se detiene de nuevo, inclina su cabeza para escuchar, después olfatea el pasto a lo largo del camino. Enseguida, saca a un gusano de la tierra.

3 La zorra caza desde la noche hasta temprano en la mañana,

cuando tiene el vecindario para ella sola. Ella nació en la ciudad. A medida que la gente se mudaba más y más dentro del campo, construyendo casas, escuelas y centros comerciales, los animales salvajes fueron forzados a encontrar hogares donde pudieran. Los padres de la zorra se mudaron a la ciudad. Si querían sobrevivir tenían que cambiar sus hábitos para adaptarse a la vida de la ciudad.

4 En su <u>hábitat</u> natural en el campo, la zorra comería insectos, ratones, moras, frutas, el maíz de un granjero, huevos, ocasionalmente un pollo o pato salvaje, y por supuesto gusanos. En la ciudad, la zorra encuentra muchas de las mismas cosas.

5 Su cacería nocturna ayuda a controlar el número de ratas y ratones de la ciudad. Si ella es una buena cazadora y tiene cuidado de no ser atropellada por un carro o atacada por un perro, podría llegar a vivir entre doce y catorce años.

CONTINÚA ➤

6   Aunque los perros son sus enemigos, ella misma es parte de la familia de los perros. Ella tiene un sentido del oído muy <u>agudo</u>. Ella escucha algunos sonidos que los oídos de los humanos no pueden oir, incluyendo los chillidos de ratas y ratones. También tiene un sentido del olfato como el de los perros. Utiliza su sensible nariz para encontrar comida debajo de la tierra.

7   Su vista, sin embargo, es más parecida a la de un gato. Los zorros ven bien de noche. Las pupilas (círculos negros en el centro) de sus ojos se encojen como aberturas angostas cuando la luz es brillante, como los ojos de un gato. Pero en la oscuridad, las pupilas se abren ampliamente. Esto deja entrar toda la luz disponible. La parte de atrás de los ojos de un zorro refleja la luz igual que un espejo. Esto, también, ayuda a los zorros a ver bien de noche. Esto también hace que los ojos de la zorra de la ciudad se vean como espejitos cuando ella mira hacia arriba las luces de la calle.

8   La zorra corre hacia atrás de la casa. Ahí, abajo de un viejo ciruelo, ella encuentra algunas ciruelas tiradas. Ella se las come y se lame los labios.

9   Cuando esta zorra crezca un poco más, ella tendrá sus propios cachorros. Ella les enseñará como encontrar comida y sobrevivir en la ciudad, igual que le enseñaron sus padres.

10   La zorra toma un poco de agua de la fuente de los pájaros. Después ella olfatea por ahí, encuentra una rama, y la lanza al aire. Como un perro persiguiendo un disco volador, ella corre tras la rama, la levanta y la lanza al aire otra vez. Pero los ruidos la sorprenden y sale

CONTINÚA ➤

huyendo. Mientras da la vuelta hacia unos arbustos, levanta la cola para mantener el equilibrio.

11   Las hojas crujen mientras ella les da coletazos a los arbustos. Ella corre rápidamente por el pasto y baja por la loma hasta su guarida, escondida dentro de las ramas de un árbol donde nadie la puede ver.

12   A salvo ahí dentro, con su pancita llena, la zorra de la ciudad se acurruca con la cola cubriendo su nariz para mantenerse caliente. Mientras sale el sol por la mañana, ella duerme.

13. Lee la primera oración del siguiente resumen.

Resumen de "Una vecina pocas veces vista"

Algunos zorros viven en las ciudades. _____

_____

¿Cuál de las siguientes oraciones completa mejor el resumen anterior?

Objetivo 1

A   Algunos de ellos llegan a vivir de doce a catorce años. Los zorros pertenecen a la familia de los perros.

B   En la vida salvaje, los zorros se alimentan de insectos, huevos, pollos, ratones, frutas, y maíz. Los zorros ven bien de noche. Sus ojos funcionan como los de los gatos.

C   En la obscuridad, las pupilas de los zorros se abren ampliamente. Un zorro puede encontrar ciruelas silvestres y otras frutas en la noche.

D   Ellos cazan ratas, ratones y otros animales de noche con su oído, vista, y especial sentido del olfato. Durante el día, duermen en lugares escondidos.

14. ¿De qué se trata principalmente el párrafo 3?

Objetivo 1

- A por qué los zorros se mudaron a la ciudad
- B por qué los zorros cazan
- C cómo la gente construyó en el campo
- D cómo hacen sus casas los zorros

15. Lee la siguiente tabla de red. En ella se muestra información del artículo.

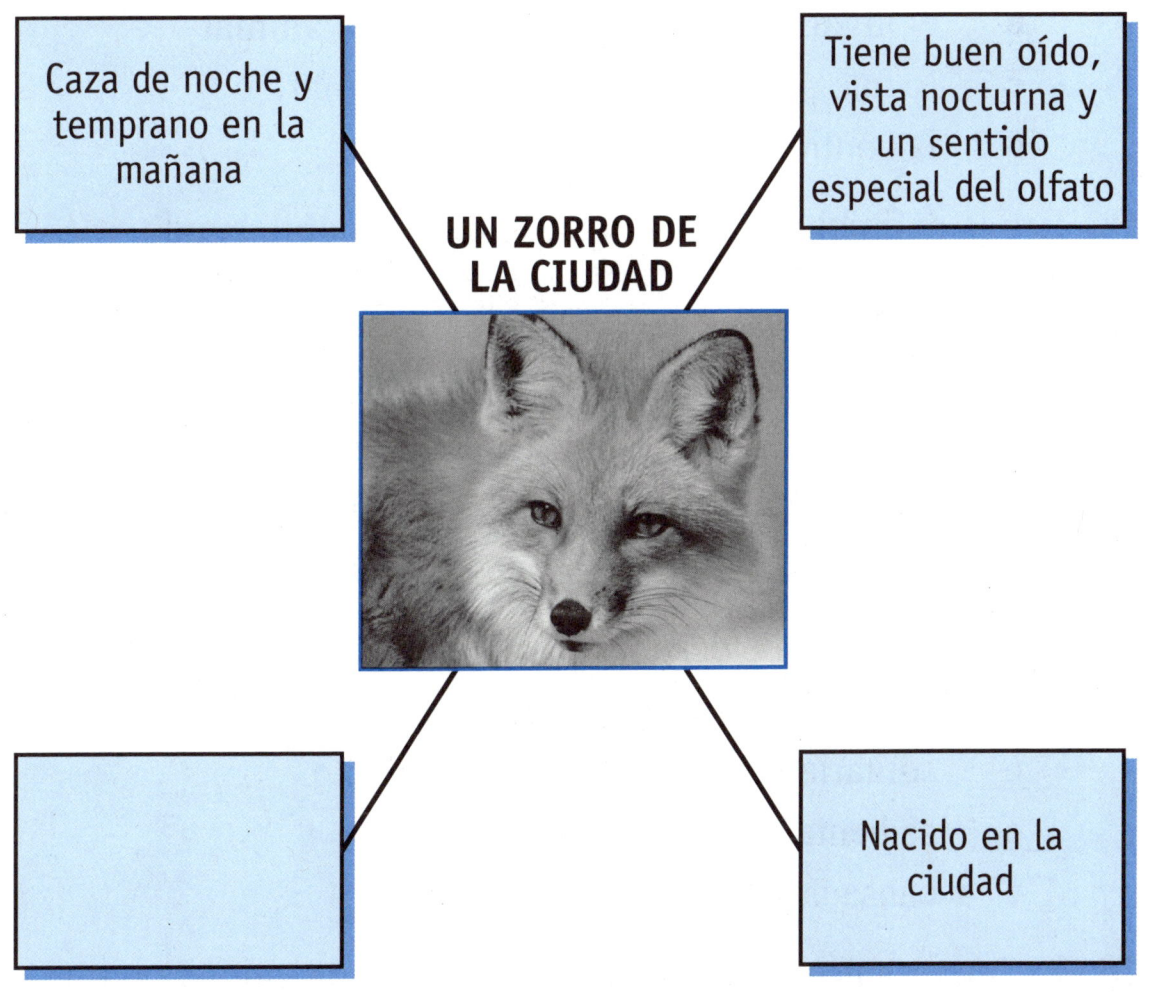

Caza de noche y temprano en la mañana

Tiene buen oído, vista nocturna y un sentido especial del olfato

UN ZORRO DE LA CIUDAD

Nacido en la ciudad

¿Cuál de las siguientes opciones corresponde en el cuadro vacío?

Objetivo 3

- A Prefiere vivir en el campo
- B Le gusta jugar alrededor de los carros
- C Duerme en lugares escondidos durante el día
- D Es una mascota adorable

16. En el párrafo 2, la zorra escucha y olfatea —

Objetivo 1

- Ⓐ para encontrar comida
- Ⓑ para evitar a un perro cercano
- Ⓒ para escapar de un automóvil
- Ⓓ para encontrar su camino de regreso a casa

17. En el párrafo 4, la palabra hábitat significa —

Objetivo 1

- Ⓐ algo que se hace regularmente
- Ⓑ el lugar donde usualmente vive un animal
- Ⓒ lo que come generalmente un animal
- Ⓓ la comida que come un animal

18. Lee la definición del diccionario de la palabra agudo.

> **agudo** *adj.* **1.** una orilla muy filosa, ejemplo *una cuchilla aguda.* **2.** capaz de sentir o notar fácilmente aún las cosas pequeñas. **3.** rápido. **4.** ansioso o entusiasta.

¿En el párrafo 6, agudo significa igual que cuál definicion?

- Ⓐ Definición 1
- Ⓑ Definición 2
- Ⓒ Definición 3
- Ⓓ Definición 4

Objetivo 1

19. La mejor forma de describir a la zorra en el párrafo 10 es —

Objetivo 2

- Ⓐ juguetona pero fácilmente asustada
- Ⓑ solitaria pero amigable con la gente
- Ⓒ sedienta y hambrienta
- Ⓓ cansada y hambrienta

20. Es importante que esta historia ocurra en la ciudad porque —

Objetivo 2

- Ⓐ muestra como los zorros cambiaron sus costumbres para vivir en las ciudades
- Ⓑ muestra por qué los zorros le tienen miedo a la gente
- Ⓒ muestra cuántos zorros han sido atropellados
- Ⓓ muestra por qué los zorros prefieren vivir en el campo

21. ¿Cuál es el problema principal que la zorra enfrenta en la historia?

(A) cómo encontrar comida y evitar peligros de noche

(B) cómo regresar a su hábitat natural en el campo

(C) cómo encontrar a sus padres

(D) cómo hacerse amiga del perro

Objetivo 2

22. Lee la siguiente tabla. En ella se muestra el orden en que le ocurrieron algunas cosas a la zorra en la historia.

La zorra se come un gusano.		La zorra toma agua de la fuente de los pájaros.	La zorra regresa a su guarida antes de que salga el sol.

¿Cuál de estas oraciones corresponde en el cuadro vacío?

(A) La zorra come algunas ciruelas que estaban tiradas.

(B) La zorra se va a dormir.

(C) La zorra sale corriendo de noche.

(D) La zorra tiene a sus propios cachorros.

Objetivo 3

23. ¿De qué manera ayudan a la gente los zorros de la ciudad?

(A) Evitan a los carros.

(B) Atacan a los perros.

(C) Pueden ver de noche.

(D) Matan ratones y ratas.

Objetivo 4

24. ¿Cuál oración de la historia explica cómo ven de noche los zorros?

(A) *Pero en la obscuridad, las pupilas se abren ampliamente.*

(B) *Utiliza su sensible nariz para encontrar comida debajo de la tierra.*

(C) *Ella se las come y se lame los labios.*

(D) *Ella tiene un sentido del oído muy agudo.*

Objetivo 4

ARAÑA
LA REVISTA PARA NIÑOS

junio 2002   Vol. 9, número 6

Lo que hacen las rocas por ti
por Tracy J. Cade

1   Las rocas están por todos lados. Puedes verlas todos los días. Se usan para construir casas y negocios. Las rocas tienen muchos otros usos, también. Hacen caminar a los carros, crean explosiones de color en fuegos artificiales, y se convierten en joyas cuando las cortan para hacerlas brillar.

2   Lafayette Funk sabía esto cuando construyó su propio museo de rocas en Illinois. Sin embargo, la mayoría de la gente no se imagina rocas cuando ve su colección. Lo que ven son minerales – materiales como el oro, cobre, o sal — que en realidad crecen dentro de las rocas.

3   Funk era un "cazador de rocas" que disfrutaba encontrar piedras originales de diferentes tamaños y colores. Su trabajo como ingeniero lo llevó por todo el mundo. En sus numerosos viajes, Funk trajo fósiles, gemas, y minerales.

4   Funk no empezó a coleccionar rocas sino hasta 1951, cuando tenía 53 años de edad. Para 1974, su colección había crecido tanto que decidió abrir un museo para mostrarla. Funk sintió que tener un museo le permitiría compartir sus rocas con otros. Ahora su museo tiene cerca de 10,000 rocas.

Pero estos artículos son solamente una pequeña parte de todas las rocas en su colección.

CONTINÚA

5   Através de los años, Funk les regaló muchas de sus rocas a los que le ayudaron en sus cacerías o a los que estaban interesados en su trabajo. Esto, decía él, motivaba a otras personas a aprender todo acerca de las rocas desde fósiles hasta el uso de los minerales.

6   Un fósil es una planta o animal de hace millones de años presionado sobre la superficie de una roca. Algunos fósiles de la colección de Funk provienen de peces. Sus formas después de mucho tiempo fueron presionadas sobre la superficie de las rocas. Estos fósiles nos permiten ver cómo se veían los peces hace 375 millones de años.

7   Funk hizo un sorprendente descubrimiento en una cacería de rocas en particular. El y otros tres jóvenes "cazadores de rocas" recibieron permiso para buscar rocas cerca de la casa de Funk. Después de excavar en una mina de arena, encontraron algo de gran importancia.

8   Descubrieron partes de una madre mamut y su bebé. Los mamuts alguna vez <u>rondaron</u> por la tierra hace 1.6 millones de años. El descubrimiento de Funk incluía el colmillo de la madre y los dientes de su bebé. Funk le dió un diente a cada uno de sus

Enomes mamuts vivieroon hace 1.6 millones de años.

ayudantes. Puso el cuarto diente de exhibición en su museo.

9   Cuando Funk estudió su colección, descubrió que muchos de sus minerales eran no solamente bellos sino prácticos también. La calcita en su colección puede ser usada para hacer pintura. La barita, otro tipo de mineral en su colección, se usa para hacer flamas verdes en fuegos artificiales.

CONTINÚA ▶

10   El mineral fluorita contiene flúor, que se usa en pasta dental y ayuda a prevenir las caries. La pirita es usada para hacer el ácido de las baterías de los carros. Las baterías de los carros proveen la energía que se necesita para arrancar y hacer andar los carros. Aún el hermoso pero mortal mineral arsénico tiene sus usos. Se usa en veneno para ratas.

11   La única clase de roca en su museo que no tiene ningún uso se llama tectita. Estas rocas no necesitan ser útiles para ser interesantes. ¡Provienen de la luna!

25. Lee las siguientes definiciones de la palabra *gema*.

> **gema**, *sust*.
>   **1.** roca o piedra preciosa. **2.** cualquier cosa apreciada por su belleza o su valor. **3.** una persona amada. **4.** un tipo de panecillo.

¿Cuál significado coincide mejor con la forma en que la palabra gema es usada en el párrafo 3?

- A Significado 1
- B Significado 2
- C Significado 3
- D Significado 4

Objetivo 1

26. Los párrafos 7 y 8 tratan principalmente de cómo —

- A Funk y sus ayudantes encontraron fósiles de mamut
- B muchos minerales tienen usos prácticos
- C Funk reunió una colección de rocas privada
- D los museos son generalmente creados

Objetivo 1

27. En el párrafo 8, la palabra <u>rondaron</u> significa —

Objetivo 1

- **A** hicieron ruidos fuertes
- **B** vagaron por ahí
- **C** pelearon contra
- **D** se fueron

28. ¿Cuál es la idea principal de este artículo?

- **A** El museo privado de Funk tiene muchos fósiles, gemas, y minerales interesantes.

Objetivo 1

- **B** Uno de los mejores descubrimientos de Funk fue una madre mamut y su bebé.
- **C** Las rocas y los minerales tienen muchos usos prácticos.
- **D** Funk coleccionó rocas durante sus viajes.

29. ¿Por qué decidió Funk abrir un museo?

- **A** Quería regalar su colección de rocas.
- **B** Quería que otra gente viera su colección de rocas.
- **C** Siempre había querido tener un museo.

Objetivo 1

- **D** Necesitaba ganar dinero extra.

30. ¿Cuál es el título de este artículo?

Objetivo 3

- **A** *Araña*
- **B** Lo que hacen las rocas por tí
- **C** Tracy J. Cade
- **D** La Revista Para Niños

31. Este artículo fue escrito principalmente para decirles a los lectores —

Objetivo 3

- **A** que vayan al museo de Funk
- **B** acerca del museo de rocas de Funk
- **C** la historia de la vida de Funk
- **D** cómo se usan los minerales

32. Funk le dió a cada uno de sus ayudantes un pequeño fósil de mamut para —

    (A) convencerlos de abrir sus propios museos   **Objetivo 4**

    (B) evitar que su museo creciera demasiado

    (C) agradecerles por haberle ayudado

    (D) reunir dinero para su museo

33. Lee la siguiente tabla de red. En ella se muestra información del artículo.

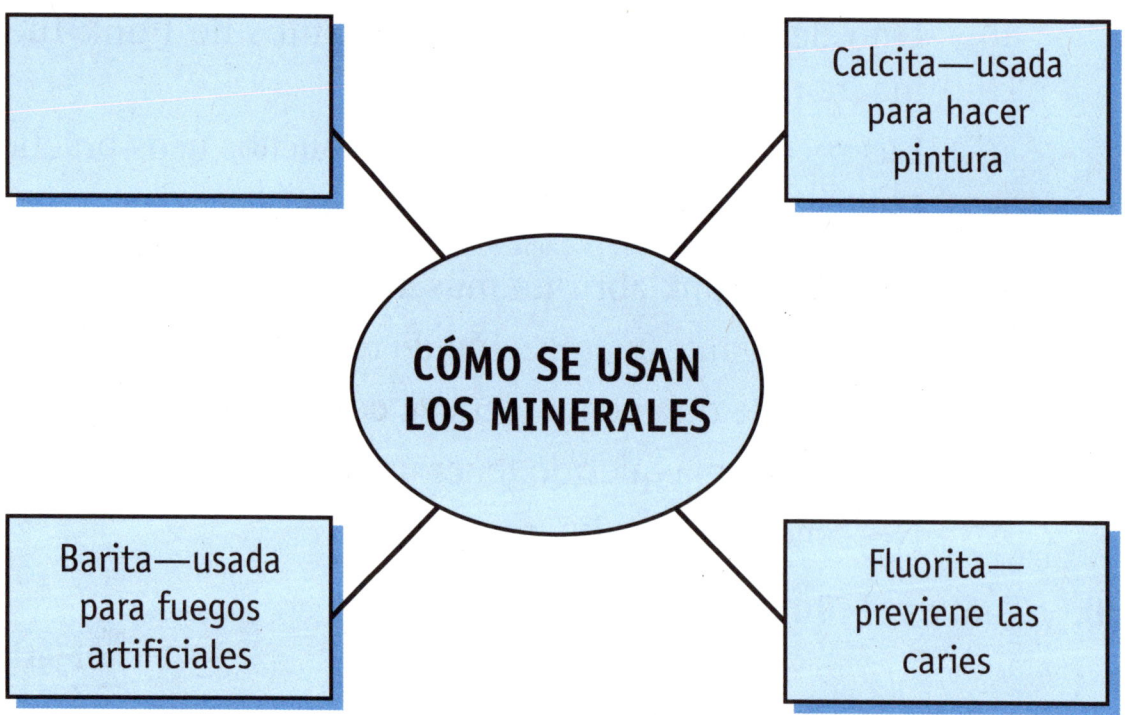

¿Cuál de las siguientes opciones corresponde en el cuadro vacío?

    (A) Pirita —ayuda a hacer baterías para carros   **Objetivo 3**

    (B) Fósiles — restos de plantas y animales que vivieron hace mucho tiempo

    (C) Tectita — proviene de la luna

    (D) Arsénico — agradable a la vista

34. ¿Cuál oración del artículo muestra que Funk tenía otro trabajo además de coleccionar rocas?

- Ⓐ *En sus numerosos viajes, Funk trajo fósiles, gemas, y minerales.*
- Ⓑ *Cuando Funk estudió su colección, descubrió que muchos de sus minerales eran no solamente bellos sino prácticos también.*   **Objetivo 4**
- Ⓒ *Su trabajo como ingeniero lo llevó por todo el mundo.*
- Ⓓ *Funk era un "cazador de rocas" que disfrutaba encontrar piedras originales de diferentes tamaños y colores.*

35. Si Funk hubiera descubierto un nuevo tipo de roca, probablemente habría —

- Ⓐ puesto una muestra de ella en su museo   **Objetivo 4**
- Ⓑ nombrado la roca como él
- Ⓒ mantenido en secreto su descubrimiento
- Ⓓ donado su descubrimiento a un museo más grande.

36. Lee los encabezados de estos artículos de revistas.

Los Científicos Examinan Rocas Del Espacio Exterior	Cómo Los Minerales Nos Ayudan A Vivir Mejor	Se Descubre en África el Diamante Más Grande Del Mundo	Funk Decide Cerrar Su Museo De Rocas
1	2	3	4

¿Cuál artículo es más probable dar información a los estudiantes que quieren saber más de los usos de los minerales?

- Ⓐ Encabezado 1
- Ⓑ Encabezado 2
- Ⓒ Encabezado   **Objetivo 4**
- Ⓓ Encabezado 4

NOTAS